ちくま新書

司法権力の内幕

森　炎
Mori Honoo

1044

司法権力の内幕【目次】

序章　カフカ『審判』の不思議な真実

†裁判員が足を踏み入れる世界

カフカの『審判』は、二〇世紀を代表する世界の名作小説の一つとされているが、一般には、奇妙な夢のような印象を受ける物語である。プロットや道具立てには裁判や裁判所が使われている。が、その描写をまともに取る人は少ないに違いない。

文芸評論では、小説『審判』は、純粋にカフカ自身の内面世界を描き出した作品と理解されている。

しかし、裁判所に籍を置いたことがある身の一読者として言えば、その小説世界は、感覚的には、ほとんど有りのままと言ってよいほど、現実に近い。そこで触れられている「裁判所の人々」の描写には、真実、身につまされて、微苦笑させられる。これは、奇妙な夢ではなくて、むしろ、リアリティーそのものである。どうして、カフカはここまで裁判や裁判所の実態を直観的にとらえられたのであろうか。カフカは実際に裁判所で研修を受けた経験を持つが（弁護士無給見習いをしていた時期）、カフカが生きたのは、一九世紀末から二〇世紀初頭にかけてのヨーロッパ、しかも、オーストリア＝ハンガリー帝国時代のプラハだった。それが現在の日本の司法の姿とあまりに符合しているのは、何とも不思議である。

立法権、行政権に次ぐ第三の権力、つまり、司法権とは、洋の東西を問わず、また時代を問わず、そういった質《たち》のものなのかもしれない。

裁判員制度が始まって数年が経過した現在、これまでに裁判員になった市民の人数も、それなりの数になる。それらの人々のうちの多くが、おそらくは、実際に裁判所に行き、少なからぬ時間をそこで過ごしてみて、大きな違和感を覚えたはずである。自身が思い描いていたイメージとのギャップに戸惑ったに違いない。

そこは思っていたような場所ではなかったのではないか。そこにいる人達は思っていたような人々ではなかっただろう。裁判自体も思っていたようなものではなかったはずである。

きっと、「これが本当の裁判所なのか」「これが裁判か」という半信半疑の、どこかだまされたような感じを受けたことと思う。この偽物の感覚、まがい物の雰囲気こそが、裁判所の特徴と言える。

その実態は、カフカの小説『審判』に描写されているとおりなのである。

†カフカの小説世界

カフカ『審判』のあらすじは、次のようになっている。

主人公のヨーゼフ・Kは、三〇歳の誕生日に、突然、「監視人」と「監督」に逮捕される。ヨーゼフ・Kが逮捕の理由や根拠を尋ねても、監視人や監督からは、「これが法律というものだ」と言うほか、まともな答えがなく、「逮捕状を見せてくれ」というKの要求も拒絶される。その代わり、なぜか、逮捕されたにもかかわらず、Kの身柄は拘束されない。銀行の仕事に行き、普段どおりに生活することが認められる。ただ、一日一〇時間、監視されることになる。

しばらくして、ヨーゼフ・Kは裁判所から召喚を受ける。Kが裁判所所在地に出向くと、そこは意外にみすぼらしい建物だった。法廷には貧相な予審判事が腰かけていて、尋問が始まる。尋問の冒頭で、予審判事は、れっきとした銀行員であるKのことを、いきなり、塗装職人と決めつけた。法廷では、予審判事は、古びたノートを後生大事に抱え、審理の間、それればかり見ている。そして、このような扱いに抗議し、裁判の不当性を訴えたKに対して、「あなたは尋問される者が持つ権利を放棄した」と告げる。

それから後も、ヨーゼフ・Kの問いや抗議はことごとく無視し続けられ、手続だけが進んでいく。最後には、Ｋは「犬のように」処刑されて終わる。

この話の中では、「裁判所の者」として、信じがたいような連中が、次から次に現れる。そして、次々に登場する裁判所関係者たちは、みな、一種独特の奇妙な振る舞いを、それが裁判所では当たり前であるかのように繰り広げる。

ヨーゼフ・Ｋを逮捕しに来た監視人たちは、Ｋの朝食を平らげ、Ｋに対して自分に衣類などを預けるように言い、それらを巻き上げようとする。

法廷ではＫは臆することなく、自らの主張を開陳し、裁判所の手続の不当性を攻撃する。滔々とまくし立て、聴衆を説得し得たと確信したが、Ｋがてっきり傍聴人だと思っていた法廷内の人々は、目を凝らすと、みな、上着の胸の襟に同じバッジをつけており、裁判所の職員だったことがわかる。気がつくと予審判事の胸にも同じようなバッジがあった。

形勢挽回のために、Ｋは、叔父の助力で弁護士を見つけ、弁護を依頼する。偶然にも、その弁護士の家で、大きな権限を持っているらしい裁判所の事務局長と知り合い、Ｋと叔父は事務局長の手づるを得ようと試みる。ところが、その裁判所事務局長は、屋根裏にある「裁判所事務局」の事務局長だった。結局、Ｋの不作法のために、事務局長との面談は不首尾に終わる。

少なからず焦り始めたＫは、何とかして裁判所への伝手を得ようと、今度は、法廷画家に接触する。法廷画家の住居兼アトリエのアパートを訪ねたが、Kは、そこの屋根裏にも裁判所事務局があることを発見して、愕然とする。

別の日のこと、Kは、勤め先の銀行で、得意先の案内役として聖堂に行くよう指示される。聖堂で得意先を待っていると、Kは誰かに「ヨーゼフ・K！」と呼びかけられる。呼びかけたのは、聖堂の牧師だった。その牧師は、「あなたは告訴されているだろう」と言葉を続けた。牧師は、受刑者たちの教導に当たる、当局ゆかりの教誨師《きょうかいし》だったのである。この牧師は、「掟の門」という奇妙な話を教誨（説教）に用いていた。牧師は、Kに対しても、「掟の門」の寓話を話して聞かせた。

――掟の門の前には、門番が立っていた。地方から「法」を求めてやってきた男が門番に「門の中に入れてくれ」と頼む。が、門番は「門の中に入れてやることはできない」と言う。男は門扉の脇に座って許可を待ち続けるが、頼むたびに「今は入れてやることはできない」と拒絶される。その門は閉まっているわけではなくて、門番はいるものの、いつも開いていて、中を窺うこともできる。男がこちら側から門の中を見る限りは、何の変哲もないようである。しかし、理由のない拒絶が繰り返される。男は、法とは、誰もがいつ何時でも近づくことができるものだと信じていた。そのため、何年も待ち続け、ついに倒れる。男の余命が尽きようとしていた。まさに男に臨終が迫るとき、門番は、死にゆく男からそっと離れて門を閉めた。──

語り終わってから、牧師は、法を求めてやってきた男と門番のことを詳しく解説し、「掟の門」の中に男を入れなかった門番を絶賛する。

最後にヨーゼフ・Kの前に現れたのは、処刑人だった。三一歳になる日の前夜、Kは、不思議な風体をした二人の男の訪問を受ける。二人に両脇を抱えられ、Kは町はずれの石切り場に連行された。そこで、Kは石切り場の石に頭を押しつけられ、処刑人の一人から喉首を押さえられ、もう一人から刃物で心臓を刺し貫かれて、死刑を執行される。

処刑の時、Kは、心の中で「ついにおれの見なかった裁判官はどこにいるのだ。ついにおれの至らなかった高等な裁判所はどこにあるのだ」と叫びながら絶命する。

†『審判』の不条理と法の読解

作中の「裁判所の者」に関する奇妙な描写は、実は、荒唐無稽の絵空事ではなくて、多くは不思議な真実味を持っている。

小説中に、予審判事が法廷で後生大事に抱えているチンケなノートのことが出てくる。

これは、現在の日本の裁判所で言えば、裁判官の手控えのことになる。多数の事件を抱える日本の職業裁判官は、事件記録の内容を記憶し切れないために、手控えをもとに訴訟指揮（法廷における指図や勧告）をおこなう。

傍聴人と見えた人々が裁判所の職員だったというエピソードは、今の日本の裁判所でも、よくみられる事態である。

重大事件の刑事法廷では、警備のために、傍聴席に裁判所職員を入れることがしばしばおこなわれている。日本の裁判所職員は、裁⃝というデザインの銀鼠《ぎんねず》色の目立たないバッジをつけている。裁判官のバッジは、同じ意匠の金糸雀《かなりあ》色のものである。

裁判所の事務局長が大きな権限を持っているというのは、日本の裁判所でもまさにそのとおりで、これは、むしろ現実そのものである。高等裁判所や地方裁判所の事務局長は、その名称にもかかわらず、単なる事務職ではない。事務局長は、裁判所の管理全般を取り仕切り、高裁の事務局長ともなれば、当局の覚えのめでたい裁判官が当てられ、職業裁判官の典型的な出世コースの一つになっている（たとえば、竹崎博允・現最高裁長官は東京高裁事務局長経験者）。

この物語では、法や裁判、それ自体に関しても、不可解な、けれども、どこかそれらしくもある事柄が次々と語られる。

「法律には、罪のない者には無罪が言い渡されると書いてあるが、裁判所では、いまだかつて無罪宣告があったためしがないこと」、「みせかけの無罪宣告とひきのばし」、「事件は上級裁判所に送り込まれたかと思えば、また下級裁判所へ差し戻しになったりして、大きく揺れ小さく揺れ、長短いろいろに停滞しながら、上へ下へとふらつくこと」、「裁判所事務局はいたるところの屋根裏に存在していること」、「裁判官は、夜も昼もなく絶えず法律に束縛されているため、人間関係に対する正しい感覚が欠如するに至っていること」、「裁判所は弁護人をできるだけシャットアウトしようとしていること」、「弁護士には、大弁護士と小弁護士の二種類があること」、「大弁護士の姿は噂だけでかつて見られたことはなく、大弁護士は自分が弁護したいと思う者だけを弁護しているらしいこと」等々である。

この小説のプロット自体、次のように読める。

法が最初のステップを踏み出す。ヨーゼフ・Kは寝起きを襲われ、逮捕される。Kは被疑事実と逮捕の理由を問うが答えはない。その代わり、「逮捕後も、仕事や生活は自由である」、「身柄は拘束されない。ただ監視されるだけだ」と告げられる。これは、現在の日本でも、しばしば用いられている特殊な捜査の方法である。Kは逮捕されたと思っていたが、法的には任意捜査（実のところは強制力のない捜査で、それゆえに法の規制を受けないでおこなえる捜査活動）の形式が取られていたわけである。「任意捜査の形を取った実質強制捜査」という巧妙で効果的な捜査法だった。それは正式の逮捕ではなく、脱法的な、しかし、必ずしも違法とはされていない捜査方法である。

法は、次のステップを踏み出す。Kは法廷で尋問を受けるために出頭した。法廷では、Kは、自らの主張を積極的に述べ、裁判所の手続の不当性を攻撃するが、予審判事によって無効であることを宣言される。この手続では、Kは、自分の意見を開陳して演説するのではなく、尋問に答えることで弁明をしなければならなかったのである。裁判所は、被疑者、被告人に弁明の機会を与えさえすればよい。それを行使しない場合、放棄したとみなされる。それで手続は進められる。

したがって、さらに次のステップへと、法は踏み出す。法は、いったん動き始めると止まらない。法を作動させるのは、法そのものである。

手続を中止すること、あるいは一時停止させることは、「裁判所の者」にとっては特別の責任と負担とを伴う。それは、直ちに担当者の怠慢を意味し、組織における否定的評価を招来する。それが現代における組織の原理というものである。よほどのことがない限り、最後のステップまで法の自動運動は進んでいく。

†カフカの寓意

すでに触れたように、カフカの『審判』については、文芸評論の分野では、カフカ自身の精神世界を描き出した作品という理解が一般的である。つまり、その夢の断片のような小説世界は、内的な原罪と自己処罰の物語にほかならないと解説されている。

また、別の評論によれば、全体主義の社会における政治体制とその恐怖を予見した政治的メッセージとして読むこともできるという。

カフカの死後、ナチス・ドイツやスターリン統治下のソビエトにおいては、現実に同じようなことが起きた。ある日、理由も令状もなしに逮捕され、ユダヤ人であるがゆえに抹殺され、あるいは反体制（反共産主義）の罪を着せられて処刑される。その意味では、外的な現実世界の処罰について書かれた予言的な小説として理解することも、たしかに可能だろう。

さりながら、作中の裁判や裁判所に関する部分は、明らかに、それ以上のインパクトを持つ。何かを見通したような神秘的な閃きがある。

たとえば、作中作となっている「掟の門」の挿話である。現代においては、法の門は、市民に開放されたと言えるのか。

日本では裁判員制度が始まり、法の門は、すべての日本国民に向けて開放された（はずである）。また、市民は自らその中に入り、法と裁判を司るようになった（はずである）。

しかし、それは本当か。また、市民が法の門の中に入るとは、どのようなことを意味するのか。そこで市民は、いったい何を見ることになるのか。そして、何をどうすべきなのか。もう一つの寓意は、ヨーゼフ・Kの最期の叫びである。

裁判員制度が始まったことで、日本国民は、市民として裁き、市民裁判のもとで裁かれることになった。そのような日本の社会では、ヨーゼフ・Kの最期の叫びは、切実さをいや増している――「ついにおれの見なかった……ついにおれの至らなかった高等な裁判所はどこにあるのだ」と。

今の日本の裁判所は、Kが希求した「高等な裁判所」になっているのか、それとも、依然として下等な裁判所か。本書は、それを明かす。

第一章

第三権力のスキャンダラスな実相

——ザンネンな裁判所の人と組織

†不可解な配属

一九九〇年（平成二年）、私は、裁判官に任官し、大阪地裁の行政部に配属された。

行政部などというのは、法曹関係者以外には耳慣れないだろう。裁判所（地裁、高裁）は、民事部と刑事部の二つに分かれている。行政部は、広義の民事部に属するが、一般民事事件を扱うのではなくて、行政事件と呼ばれる特殊な事件群を扱う。

行政事件とは、公権力の行使が問題化して事件化した案件である。つまり、公権力の行使の正当性が争われる事件である。争うのは、もちろん、住民側になり、国や地方公共団体が被告とされることになる。「原告 山田太郎」対「被告 国」などという形態の訴訟であり、公権力が国民の権利・自由を不当に侵害したか否かというのが裁判の中身になる。

行政事件は、民商法や刑事法とはほとんど無縁であり、訴訟手続も特別法で定められているから、大学の法学部教育や司法試験の勉強など、一般的な知識は通用しない。記録も膨大になることが多く、一つの事件の裁判記録がロッカー数個分になることも珍しくない。

そのため、当時は、東京地裁では、行政部への新任裁判官の配属は停止していた。新任裁判官は陪席裁判官（左陪席）として関与するだけであるが、それでも無理とみなしていたのである。ところが、東京地裁が右と言えば、左を向くのが当時の大阪地裁で、新任裁判官の行政部への配属を強行していた。毎年一人ないしは二人の新米を二カ部あった行政部へ送り込んでいたのである。

行政部の裁判長は、出世コースとされていて、大阪地裁の場合、二カ部あった行政部のいずれかの裁判長が次の所長代行になるという不文律があった。右陪席裁判官（左陪席よりも経験年数のある中堅裁判官）も、最高裁事務総局（の行政局）から赴任して来ることが多かった。

ただし、行政部の左陪席は、（私が配属されたことからもわかるように）まったく別で、むしろ、潰れても差し支えない人間を送り込んでいたのではないかと思う。いや、それ以上に、人事当局は、何も考えていなかったのではないか。

と言うのも、私の場合、行政部に配属されるのに、およそ不適切な経歴だったからである。私は、司法試験では行政法を選択していなかったのみならず（当時の司法試験では行政法は選択科目だった）、大学で行政法の講座すら取っていなかった。つまり、白紙状態である。少しでも考えて人事をしていたとすれば、あり得べからざる事態である。同年の新任裁判官の中には、大学院で行政法を専攻・研究していた人もいれば、司法試験の行政法科目で優秀な成績を収めた人も少なからずいたはずである。

「何も考えていない」と非難するのは、個人的な不服を言いたいわけではない。個人的な不服は、自分の不勉強や能力のなさを棚に上げて、それを言うことはできないとしても、国民の権利・自由という観点は別である。行政事件は、単なる私人間の争いではなく、公権力の国民の権利・自由に対する侵害が問われる事件である。それを行政法の予備知識のまったくない者に担当させるというのは、それだけ、国民の権利・自由を軽視しているからこそである。多分、人事当局は、誰それが司法試験で行政法を選択していたとか、大学で行政法を履修したかどうかなど、調べもしなかったのだろう。

私自身は、当局は単にアイウエオ順で配属していたのではないかと疑っていた。それと言うのも、私の前任となる大阪地裁行政部の新任配属者はアイウエオ順で一番目、私の年は、私が後ろから三番目だった。アイウエオ順で一年ごとに交互に、頭とお尻から配属していただけのような気がする。そして、温存したい人材だけは飛ばしていたのではないか。

いずれにせよ、裁判所の人事当局が、国民の権利・自由など念頭にないことは明らかと言える。良し悪しの問題以前に、そのことには、まるで関心がないのである。

†下剋上の組織

私は、大阪地裁に赴任したとたん、些細な問題で地裁所長と衝突した。

私が所長の秘書官が持ってきた書類に判を押さなかったことで、ひと悶着起きた。これは、慣行として続けられてきた公費に関連する事柄だったが、客観的に見れば、目くじらを立てるような問題ではなかった。当時は、官公庁の公費の使途について関心が高まりつつあったが、とりたてて、それまでの慣行に逆らわなければならないというようなことではなかった。何の理由もなく拒否したことではないとはいえ、せいぜい三分の理ぐらいしかなかった。

それに、事柄は、新任裁判官の歓迎行事に関係していた。だから、当時の所長からすれば、実に理不尽と感じたことだろう。

私自身、信念や主義でしたことでは、まったくない。ただ、判をつく気にならなかったというに尽きる。まあ、言ってみれば、「こちらを巻き込まないところでやってくれ」「そうまでして歓迎されたくない」ということである。

このような気ままが許されるのも、憲法に裁判官独立の原則が定められてしまっていて、裁判所では一切の上命下服ができず、組織内に指揮系統が確立し得ないためである。

それどころか、この憲法原則の下では、仮にも、上の者が下の者に指示命令を及ぼそうとすると、それ自体が憲法違反と言われかねない。逆手に取られるのである。

そして、そのため、上位者と下位者が衝突した場合には、下の者が必ず優位に立つという不条理を生ずる。もし憲法原則にかこつけて問題化された場合、割を食うのは常に上の者である。

というのも、たとえば、大阪地裁の所長ともなれば、半生を裁判所に捧げてきた勤続三〇年を超えるベテラン裁判官で、次は、確実に高裁の長官が見込める。そういう中枢のポストであり、その後のさらなる「栄達」もある地位である。だから、ここでつまらない問題で躓くようなことがあれば、それこそ、悔いを千載に残すことになる。が、他方、それほどのキャリアのないはずの衝突の相手方にすれば、さほどの深手を負うこともない。キャリアが浅ければ、浅いほど、それだけ傷も浅い。たとえば、これが新任裁判官ならば、辞めて弁護士になればよいだけである。

その後、例の問題は、だいぶん経ってから、所長の秘書官が「今までの慣行はやめることにしました」「もうハンコは結構です」と言ってきた。

こちらは、「まだ、あのことにかかずらわっていたのか」とびっくりしたが、この下剋上の組織のもとでは、上の者が譲歩しない限り、いつまで経っても問題の終息を見ないわけである。

当時の大阪地裁のA所長は、何代か前の行政部の裁判長から上がった人だったが、私は、個人的には、この人は好きだった。立ち居振る舞いに、茶道の家元のような風情のある人で、人と会う時には、必ず立って待って出迎えるという姿勢の人だった（もっとも、その真の理由は「座ってばかりいるとズボンの折り目が消えてしまう」という特殊な趣味嗜好によることは後で知った)。

ともかく、いわゆる「雰囲気のある人」だった。

こちらとすれば、逆らうような結果にはなってしまったが、当時は大した問題とは思っていなかったし、相手はもともと人間的魅力を感じていた人だったから、その後も普通に話し、機会があれば雑談もしたが、あちらも、別に含むところもないかのように接してくれた。

ただ、自分自身、当時のA所長の年齢に近づいた今になって振り返って考えてみれば、裁判官生活ウン十年のA所長にとって、内心、面白かろうはずはなく、憤懣抑えがたいものがあったのではないか。たぶん、狂犬にでも噛まれたと思って、廃止しなくともよい慣例の廃止を言い渡し、何事もなかったことにして平静を保っていたのだろう。

ほどなくして、A所長は、四国の高裁長官に転出していった。その後、さらに大きな高裁の長官を歴任した。

†「裁判官独立」で人間関係はバラバラ

裁判所が組織の体をなしていないことについては、もう一つ、忘れられない象徴的な出来事がある。

東京地裁時代に、裁判官会議の後の懇親会の席で、次のようなことがあった。

東京地裁は、大阪地裁と比べると、まだしも統制が取れていた。たとえば、懇親会の席では、地裁の所長に若手裁判官たちが酒を注ぎに行っていた。大阪地裁時代は、所長や所長代行のところに、酒を注ぎに行くというしきたり自体がなかった。勝手にワイワイ言いながら飲んでいただけである。

それはともかく、そのとき、私は、所長に酒を注ぎに行くことはしなかった。別に考えがあってのことではない。ただ、あまり飲みたくない気分だったからである。注ぎに行けば返杯を受けないわけにはいかない。その日は、そんなことが煩わしかったのである。

そのときに酒を注ぎに行った人たちも、所長と何か話があったのかもしれないし、ただの挨拶の意だったのかもしれない。それに、先輩裁判官に酒を注ぎに行くこと自体、おかしなことではない。だから、私にしても、それを批判的に見ていたわけではまったくない。ただただ、面倒くさかっただけである。

当時の東京地裁の所長はFさんで、私はそれまでほとんど面識らしい面識はなかったが、古武士的なところのあるF所長には好印象を持っていた。Fさんは、東京地裁所長の後は、東北と中国地方の二か所の高裁長官を務め、退官後も、内閣府の司法制度改革の委員や法制審議会の委員として活躍し、さらには、東京都や国土交通省の審査会の会長を歴任し、そこでも硬骨漢ぶりを発揮した。

その日はどうなったかと言うと、酒宴も進み、F所長は一通り献杯も受け終わった。手持無沙汰になったところで、F所長は、こちらのほうをチラチラと見ている。そのうち、席を立って、私のところに酒を注ぎに来た。

古武士的なFさんにそんなことをさせることになって、大いに恐縮したが、「あなたには、そんなことはしてもらいたくない」という気持ちが湧き起きるのも避けられなかった。そこで、杯を受けながら、

「裁判所は良い組織ですね。不調法な裁判官には、所長のほうから酒を注ぎに来てくれるんですから。まともな組織なら考えられないことですよね」

と言ってみた。こちらの言いたいことはF所長にもなんとなく伝わったのか、照れ臭そうに笑っていた。

しかし、私は特殊例外的だったわけではない。

このとき、三〇人ほどの裁判官のうち、私同様に、所長を無視して飲んだり食べたりしていた人が他にも三、四人はいたからである。

うち、一人は、F所長のほうから注ぎに来たのを、

「今日は飲みたくありませんから」
と言って断っていた。
これを見たとき、私もひやりとしたものを感じないわけにはいかなかった——「これは、ヤクザに酒をすすめられて断るようなものではないか」と。

†怪しい個性の人たち

Fさんが東京地裁の所長をしていた当時、東京高裁の長官は、Jさんという人だった。J長官は、「法廷＝舞台」論、「裁判官＝役者」論を展開するなどして若手裁判官には人気があった人だった。その論によれば、法廷は舞台であり、裁判官は役者の心掛けで法壇上で振る舞わなければならないとのことであり、そのつもりで服装にも気を付けなければならないなどと主張していた。

そのころの新任裁判官は、そういった持論を記したJさんのエッセイを新人研修の一環として読まされたりしていた。

服装に気を付けろと言われても、裁判官は法廷では黒い法服をまとっているので、外から見えるのは、胸元のネクタイぐらいのものである。Jさんに言わせれば、だからこそネクタイが大事で、鼠色や紺色のネクタイをしているようではダメだというのである。

しかし、初めて私がJさんと会ったときには、金色のネクタイをしていた。もちろん、私ではなくて、Jさんがである。Jさんは、体格の良い大柄な人で、頭は丸ハゲだったから、その印象は、坊さんというよりはヤーさんだった。

のみならず、「自分は法廷では蝶ネクタイをしている」と話していた。それも、既成の蝶ネクタイではなく、自分で蝶々型に結ぶ本式のものだと言っていた。J長官の言によると、蝶ネクタイというものは、実は、蝶々型のネクタイをくっつけるのではなくて、本当は、棒状のネクタイを蝶々結びにするものであり、一般に普及している蝶ネクタイは略式にすぎないとのことだった。

幸か不幸か、こういう「J長官、F所長」時代の東京高・地裁に、私は配属されていたわけである。

走り続ける人

「J長官、F所長」体制の東京高・地裁時代には、裁判官会議などの諸会合に決まって遅刻してくるGさんという中堅裁判官がいた。

Gさんは、いつも小走りに移動していた。会食にも遅れてきて、あわただしく弁当などを食べていた。そして、会合が終わると、また小走りに去って行った。なぜ、そこまで時間に追われているのかはよくわからなかったが、庁舎の中や周辺をコンビニの袋などを持って駆けていくGさんの小柄な姿は、当時の裁判所の一つの風物詩になっていた。

私は、最初のころは、自分のことも棚に上げて「よほど能力がないのか」などと思ったりしていたが、後で知ったところによれば、Gさんは人並み以上に事件処理をこなし、法律論文も多数執筆していた。そして、年老いた母親と二人暮らしで、老母の面倒を見ている「感心な」裁判官であるということがわかった。

しかし、そこまで寸暇を惜しみ、あわただしくしていると、余裕がなくなり、貧乏臭くなってしまうことも事実である。それに、それほどには時間を大切にしていないこちらからすれば、何か面白くない。Gさんは、裁判所の中でも、明らかに孤立しているように見えた。

†さわやかすぎる人

また、そのころの東京地裁には、同じく中堅裁判官でTさんという人がいた。

Tさんは、最高裁の事務総局勤務（行政局）から現場に戻ってきた人だったが、とても人当たりの良い容姿端麗な人物で、誰からも受けがよかった。

誰に対しても平等主義と開明的な姿勢で接し、さわやかな印象を残していた。が、そのせいで、裁判所の玄関前に居座る「門前の人」たちからも好かれてしまい、微妙な立場に陥った。

「門前の人」とは、いわゆる訴訟狂と呼ばれるような人たちで、裁判所の玄関前に陣取り、自分に不利な判決を言い渡した裁判官を実名を挙げて糾弾する。段ボールなどに裁判官の悪口を書いて掲げ、スピーカーで延々、よくわからないことを演説し、それが仕事のようになっているという、正統な「運動家」とも区別される、きわめて個性的でエネルギッシュ、かつ、まことに厄介な人たちである（人たちと言っても、それぞれが単独で行動し、決して仲間をなしているわけではない）。

「門前の人」は、他の裁判官を名指しで非難、攻撃する傍ら、T裁判官のことは絶賛していた。

「権力の走狗・悪徳裁判官○○は……最初から大企業の味方をする意図で……詐術とも言うべき方法をもって弁論を終結し……」などと、ひとしきり演説した後、「悪徳裁判官○○は、すでに裁判所内でも孤立している」「先ほども、T裁判官は『こんにちは』『今日も暑いですね』などと言って励ましてくれた」といった具合である。

†野球の人

個性的ということでは、やはり中堅裁判官で、「本州最年少の裁判長」として知られていたSさんという人もいた。

Sさんとは、私の最後の任地となった青森地裁で一緒になったが、その頃の青森地裁は、このS裁判官とD所長の二人が、他の裁判官に暗黒的とも言うべき「支配」を及ぼしていた。もちろん、仕事に関しては、「裁判官独立の原則」上、指示も命令もできないから、支配などということはあり得ない。この二人は、仕事外のソフトボールを通じて、はた迷惑な支配を及ぼしていたのである。

裁判所では、ソフトボールが意外に重要な役割を果たしている。

リクリエーションや息抜きの限られている裁判所の人間にとって、ソフトボールの親善試合がリクリエーション兼懇親の場になっていて、恒例としておこなわれている。司法修習生を交えて、三庁対抗戦（裁判所、検察庁、弁護士会）や、裁判所間の対抗戦などを実施していた（青森地裁と函館地裁の「青函対抗戦」など）。

しかし、それは、あくまで親善が目的である。参加することに意義があり、気軽にジャージ姿でプレーし、ルールも、投球は下手投げ、盗塁ナシなど極めて穏やかに設定されている。

ところが、当時の青森地裁では、S裁判官とD所長がいわゆる「野球狂」のため、親善の趣旨を踏み外して、完全な真剣勝負になっていた。

二人は、裁判所野球部のメンバーで（と言うより、裁判所に「野球部」なるものがあることはほとんど認識されておらず、たぶん、この二人の創部によるものだろう）、当時の青森地裁ソフトボールチームは、「D所長＝監督、S裁判官＝キャプテン」の体制のもと、誰も逆らえない状況で必勝態勢を組んでいた。他の裁判官や司法修習生からすれば、息抜きのはずが、仕事と同じように真剣にソフトボールに取り組まなければならない状況になっていたのである。

D所長とS裁判官は、試合（と言っても、本来はリクリエーションである）には、お揃いのユニホーム姿で現れ、ソフトボールなのにスパイクを履き、試合前には「練習時間」を要求するなどして、対戦相手のチームを戸惑わせていた。

はじめから不穏な雰囲気だったが、試合が始まると、司法修習生は出塁を義務付けられていたため、打てない者は球に当って出塁しようとしたり、相当の年齢であったはずのD所長がセーフティバントをして一塁にヘッドスライディングしてみせたり、奇妙な光景が繰り広げられた。ベンチでは、「転がせ」とか「（球を）待っていけ」などの指示が次々に出され、指示に反してフライを打ち上げた者などが出ると、S裁判官の容赦のない叱責が響き、D所長の冷たい視線にさらされた。また、相手のエラーやミスには全員で野次り倒すことが強制されていた。

当時の青森地裁は連戦連勝だったが、本気で戦う意志のない親善のつもりの相手と一方的に真剣勝負しているのだから、当たり前である。

もともと、裁判官には運動神経が良い人は少ない。ほとんどの人にとって、大きなストレスになっていたはずである。

私は、幸か不幸か、比較的運動神経には恵まれていたから（裁判所内部では「優良」、世間では「並み」）、肩身の狭い思いをすることはなかったが、その代わり、D所長とS裁判官から「裁判所野球部」への入部を誘われたりした。いずれにしても、迷惑な話には違いなかった。

†流れ流れて裁判所

以上はすべて、自分のことを棚に上げて言っているわけである。完全に棚上げしてのことである。そう言っている私自身が、一番の問題裁判官だったことは間違いない。

何しろ、私の場合、脳に器質的な問題を抱えていた。幼いころに、脳膜炎に罹患していたからである。家族うちでは、「脳膜炎」という言葉の否定的な響きを恐れてか、髄膜炎と言っていたが、医学的にはまったく同じことである。脳膜炎の場合、悪ければ死亡、良くても後遺症が残る。知能低下、精神遅滞という重い後遺症を残すことも珍しくない。私の場合、罹患したのが比較的生育してからのことで、すでに乳児期を脱していたせいか、軽度の後遺症で済んだが、それでもやはり、はっきりとした影響が残った。

小学校入学後の最初の試験などは零点だった。何が問われているのかを理解できなかったからである。それでも、周囲は命があるだけましとしていた。それに、幸いにして我が家では弟が優秀だったので、両親もそちらに期待をかけることで、精神の均衡を保つことができた。

そのうち、脳内で代替的な機能回復が生じたのか、記憶力や計算力が異常亢進し、いわゆる優等生程度の成績は治めることが小学二年生ころからはできるようになったが、日常的な頭痛と一時的な判断停止状態にずっと付きまとわれることになった。

頭痛というのは、脳膜炎の後遺症なのだろうが、自分でもおかしくなるぐらいに奇妙なもので、それは、重苦しい鈍い頭痛などというのではなく、頭を触ると、切り傷のような鋭い痛みが走る不思議な質である。その部分を強く指で圧迫していると多少楽になるが、翌日は、そこから滲んだ血が小さな塊になって髪の毛の根元に絡みついているという、甚だ気分のよろしくない代物である。もちろん、頭痛が襲ってきた場合は、論理的思考どころではないので、勉強や作業は滅茶苦茶になる。

もう一つの後遺症である一時的な判断停止というのは、脈絡もなく、突然、一切の判断作用や思考作用が途切れる現象で、短時間（五、六分程度）、頭が白紙状態になる。いわゆる「真っ白になる」というやつである。

哲学者エトムント・フッサールが提唱した現象学においては、本質を直観するために、人工的に思考判断を一時的に停止状態に置く「エポケー」なる手法が主張されていることを後年になって知ったが、もちろん、それとは似て非なるもので、「エポケー」どころか、本当に「ポケー」となってしまうわけである。敢えて言えば、病的「エポケー」である。

そのため、公立小学校程度の学習は何とか誤魔化せたものの、都内の中・高一貫教育の私立進学校に進むと、成績はおそろしいまでに乱高下を生じた。中学一年の最初の学期は、下から数えて何番目という成績だったが、二年生の最初の学期は、クラスで一番になった。

こういうことが、こちらの意志とも勉強量とも関係なく起きる。

それほど苦も無く良い成績が取れたかと思うと、いくらあがいても劣等生という状況が繰り返される。高校卒業時の成績は三番だったが、高校二年から三年の進学時には進学判定会議（留年審議）にかけられる始末だった。

だから、大学入試でも、その日の脳の状態が悪ければ完全にアウトで、文字どおり「賭け」になった。実際、滑り止めのつもりで受けた私立大学のほうは落ちた。

そのため、大学入学後は、日夜コンスタントに精励する必要のない仕事への憧れが強まる。そのころ、希望としていたのは、歴史小説、社会小説など中間小説の作家業で、法曹界というのは、ほとんど念頭になかった。それは、両親が弁護士だったことも大きく関係している。両親ともに弁護士というと聞こえは良いが、大きな弁護士事務所に所属していたわけでもなければ、特殊分野に専門化していたわけでもなく、二人だけの街の小さな事務所である。職業選択には理想ないしは幻想が大きくかかわるだろうが、弁護士業というものに、幻想などまったく持ちようがなかったわけである。

結局、歴史小説にトライする日々を五年間過ごして、もはや、法曹界以外に転向する先がなくなり、どん詰まりで裁判官になったのである。

裁判官になったのも、正直に言えば、すぐに弁護士にはなりたくなかったからである。なぜ、すぐに弁護士になりたくなかったかと言えば、これも正直に言うと、弁護士の仕事の中身がどうのというのではなく、両親と一緒に弁護士をすることに耐えられなかったからである。それでは、まるで家内工業ではないか。脳に障害を抱えながら自分なりに悪戦苦闘した結果として、それではあまりにも寂しすぎた。

†裁判所は挫折組の吹き溜まり

こうして、私は裁判官になったわけであるが、必ずしも特殊な例とは言えない。裁判官には挫折組が多い。

民間企業に就職したが水が合わずに中途退職した人、学生運動をしていたために民間企業に就職できなかった人、働きながら勉強してきた夜間部出身者、学者や公務員からの転向組等々である。

もちろん、これらの人たちは、私のように脳に障害があるわけではないから、多くは私とは違って、通常の意味で優秀である。中には、江田五月氏のように、東大も司法試験もトップクラスで、思想も深く、行動力も抜群で、有為の逸材としか言いようがない人もいる。しかし、それでも、政治活動（社会主義革命）の志敗れて、第二の選択として裁判官になったことには変わりない。本質は、挫折組にほかならない。

それに、そのような挫折体験を持たず、司法試験にも在学中にパスしたような人でも、比較的、権力志向はない。というのも、そのような人たちの多くが東大法学部出身であるわけだが、東大法学部の「優秀」組で権力志向の強い人間は、必ずと言ってよいほど、行政官になるからである。なかんずく、財務官僚や経産官僚になる。

東大法学部にあって財務官僚や経産官僚の選択も不可能でない中で、敢えて裁判官を選んだこと、それ自体で、すでにその人は権力志向を捨てている。

だから、裁判官には、エリートはいないといっても差し支えない。精神においてのエリートはいないのである。

「エリートの権化」のような人は、裁判所の中では、見つけたくとも、どこにもいない。

†裁判官の出世意識

裁判官の間の出世意識、あるいは「中枢＝周辺」感覚も、通常の組織の場合とは、かなり違う。

よく、外部の者が書いた裁判所組織論には、裁判所の中枢を最高裁事務総局とみて、それで問題を片づけたがる傾向がある。「最高裁事務総局勤務の裁判官こそが司法エリートであり、現場裁判官を意のままにコントロールしている」「それこそが司法権力の実体である」などという論を見かけるが、内部の感覚とはかけ離れている。実際の裁判官（あるいは裁判官経験者）で、そう思っている人は少ないだろう。

もちろん、裁判所も人的集合である以上、良いコースとそうでないコースはある。人事的に言えば、最高裁事務総局勤務は「良いコース」であることは疑いない。しかし、言われているように、多くの裁判官がそこを目指しているとか、現場裁判官がそれを羨んでいるとか、最高裁事務総局勤務の裁判官と現場裁判官の間に溝があるかと言えば、それは違う。

まず、最高裁事務総局勤務を目指して任官する人は、一人もいないという事実がある。なぜ、それが目指されないかと言えば、最高裁事務総局の仕事は、裁判をすることではないからである。裁判をしないことを頭に描いて裁判官になる人など、いるはずもない。最高裁事務総局の仕事とは、事件局（民事局、刑事局、行政局等）の場合は、統計処理であり、官房局（人事局、総務局、経理局等）の場合は、庶務である。

現場の裁判官が最高裁事務総局勤務を羨んでいるかと言えば、それも少ない。とくに、民間企業からの転向組は決してそれを希望しない。人事や総務や経理などの仕事が嫌で裁判官に転じているのだから。

私の同期で大手都市銀行からの転向者がいた。彼は、優秀なのを見込まれて最高裁事務総局付となった。が、「なんで、また、裁判所に来てまでこんなことをしなければならないのか」と言って、あからさまに不満をぶちまけていた。

だから、また、最高裁事務総局勤務の裁判官と現場裁判官の間に、はっきりした溝があるわけでもない。

私の大阪地裁、東京地裁時代に一緒になった中堅裁判官に、Kさんという人がいた。Kさんは、異例の長さで最高裁事務総局（官房局）勤務となり、最後には、自分からもう事務総局勤務は切り上げたいと申し出て、現場に戻ってきた人だったが、「あそこにこれ以上いたら、裁判ができなくなってしまう」と言っていた。

そして、「自分は、あそこに留め置かれたせいで、新任裁判官とさして変わらない経験しかできていない」とも言っていた。

†最高裁事務総局の微妙な位置

さらに言えば、最高裁事務総局勤務は「良いコース」ではあるが、必ずしも権力コースでもなければ、理想的コースでもない。

最高裁事務総局勤務経験者であっても、上に行くとは限らないからである。高裁の長官にまでならない人はいくらでもいる。それどころか、大きな地裁の所長にならない人も少なくない。

他方、現場裁判官からも地裁の所長に上がる人は、決して少ない数ではない（率的には最高裁事務総局勤務経験者より下がるが）。裁判官に任官する多くの人が抱いているイメージは、「社会的に意義ある裁判をして、豊富な経験を積んで将来は所長になる」というものだろうから、こちらのほうが理想に近いとさえ言える。

最高裁事務総局勤務は、ラインというほど固定的ではないのである。

裁判所で、厳密な意味でラインと言えるのは、一つだけである。

それは、「最高裁事務総局（官房局）付――最高裁事務総局人事局任用課長――最高裁事務総局人事局長――最高裁事務総長――東京高裁長官――最高裁判事」という路線だけである。

最高裁事務総局の人事局任用課長のポストに就くと、後は、一直線で最高裁判事まで行く（そして、五〇パーセントぐらいの確率で最高裁長官となる）。

しかし、そんな人は五年に一人である。人事局任用課長のポストに就く時期は四〇歳ころになるが、二〇代に始まる裁判官生活の中で、そこを目指す非現実的な人はいない。そこを目指しての競争もない。

前述のKさんは、その後、これまた、長きにわたって（おそらくは本人の希望に反して）この人事局任用課長を務めることになったが、そういう例外的な存在だけがこのポストに就くわけである。

†ブラックボックス化した人事で人心離反

裁判所の組織としての問題は、むしろ、最高裁事務総局が現場を支配していることにあるのではなくて、人事が支離滅裂なことにある。

民間のような透明性のある評価基準がなく、すべてがブラックボックス化しているのが問題である。そのうえ、結果も良くない。まず誰が見ても優秀で管理能力もあり、かつ人物的にも難のない人材を地方の支部回りや家裁勤務に追いやったり、無意味な人材に投資（留学等）してみたりで、そのために、不公平感が蔓延し、多くの裁判官のモチベーションが下がってしまっている。

その間違い人事のいい例が、私である。

私は、脳に障害があり、問題ばかり起こしていたにもかかわらず、人事では、なぜか優遇されていた。裁判官の人事異動は、大庁勤務と小庁勤務を交互に繰り返すのが原則であるが、私の場合、初任地が大阪地裁で、次の任地は東京地裁だった。

東京地裁といっても、本庁ではなく立川支部（当時、八王子支部）だったが、東京地裁本庁の勤務は私のほうから拒否していたから（理由は、もちろん、両親と裁判所で顔を合わせるのが嫌だったからである）、これは最大の好意と受け取るほかはなかった。

しかも、東京地裁の三年間の勤務のうち、一年間は、民間企業への出向を命ぜられ、一切の裁判実務を免除された。当時、年間四人だけを最高裁が一方的に選定して、こういう特典を与えていたわけである。

個人的には、ありがたいとも思い、ありがた迷惑とも思ったが、客観的に見れば、実に支離滅裂、滅茶苦茶な人事である。

もともと、民間企業への裁判官の派遣は、組織としての投資である。一年間、一切の裁判実務を免除し（その負担は他の裁判官に押し付けることになる）、遊ばせるというのは、将来の裁判所と民間企業の関係やその在り方を見据えて、そのときのために事前投資するという考え方である。だから、一五年後、二〇年後を考え、将来のある者に投資しなければ意味がない。

私の場合は、在学中合格者と比べれば六年も遅れ、任官者の平均と比べても二〜三年遅れていた。それればかりか、将来、組織にいる保証もない。何しろ、両親が弁護士なのだから。組織の論理としては、「通算貢献年数の少ない者」、「いつ辞めて組織外に転ずるとも知れない者」とみるのが、むしろ当然である。

そして、それは、誰が見てもわかる事柄である。他の裁判官からすれば、どう考えても納得できないことである。

もちろん、私の例は、数多ある間違い人事の一例にすぎない。このような人事をしていれば、その結果、人事をつかさどる最高裁事務総局人事局への不信感が醸成されるのは当たり前のことである。

✝現場の大失敗にも無関心

それに、もう一つ、私は、東京地裁に赴任して早々、大きな失敗をしでかしていた。勾《こう》留《りゅう》の裁判（刑事裁判が開始される前に被疑者の身柄を取るかどうかを決める裁判）で勾留却下をたて続けにおこなっていた（勾留却下は身柄を取らないということであり、結果、容疑者は釈放される）。

この状況を見て、三多摩地区の弁護士会では人権派の裁判官が来たかと色めき立ったようだが、さにあらず。例の病的「エポケー」で思考停止状態に陥り、頭が空白状態のまま結論を出したというのが真相だった。勾留の裁判は、時間に追われる。一件当たり、五～六分で処理しなければならない。その後、少し時間をおいてまともな状態で考えてみて、なぜ、あれを却下したのか自分でもわからないという有り様だった。

単なる間違いであり、まったく言い訳のしようのないポカである。

当時、東京地裁の所長代行は現最高裁長官の竹崎さんだった。裁判官会議の場で、統計の説明を名目に、勾留却下率が急に上がったと、こちらに気を使いながら注意喚起していたが、その声は（怒りで）震えていたように思う。

個人的には自分に知的障害があったとは思いたくないが、脳内の器質的な問題を自覚しながら、裁判官になったことに無理があったのかもしれない。

いや、今言いたいのは、それではなかった。人事当局（最高裁事務総局人事局）は、要するに、現場の評価など、何も考慮していないのである。（きっと）東京地裁の評価ですら、はじめから聞かないか、何か言ってきても聞く耳を持たないのだろう。

逆に言えば、現場の経験豊富な裁判官からみて「どうしようもない」と思うような人物でも、最高裁（の事務総局人事局）には情報が伝わっておらず、それなりに優遇されるということがあり得る。不条理としか言いようがない。

実質的に人事をおこなっているのは、例の人事局任用課長である。一人ですべてをやっているので、忙しすぎるのかもしれない。

歴代任用課長の一人にYさんという人がいた（前に出てきたK裁判官の前任者）。

Yさんは、その後は既定路線で、任用課長から人事局長、事務総長とステップを上がり、今は東京高裁の長官となっているが、任用課長当時、次のように話していた。

「忙しくて弁当を食べる暇がない」「だから、永田町の駅で電車を待つ間に食べている」「電車が早く来た時には、残りはもう捨てるしかない」「これが女房に知れたら、大変なことになる」と。

†第三権力の的を射るために

このように実態を述べてくると、裁判所は、一枚岩の権力組織などとは、およそ、ほど遠い存在であることがわかるだろう。ただし、それは、権力として恐れる必要がないとか、大した権力悪を為さないということを意味しない。

第三権力たる司法権が、立法権、行政権と並ぶ国家権力である以上、権力批判を免れないのは当然である。のみならず、その権力組織らしくない鵺《ぬえ》的な在り方が、かえって権力分析をすり抜け、（批判的機能を果たすべき言論から）野放し状態になっている嫌いがある。権力としても中途半端でわかりにくい実態が、また、正鵠を射た批判をしにくくしている。

ここで言いたいことは、まず、ステレオタイプ的な裁判所論では、第三権力をとらえ切れないことである。

よく見かける、「最高裁事務総局が司法権力の実態だ」「裁判官は検察の言いなりになってしまっている」などの論議は、実際とは微妙に、しかし大事なところでズレてしまっている。少なくとも、それでは一面的にすぎる。

また、あまりに抽象的な議論では、裁判員制度が始まった現在において、市民にとってどれだけ意味があるのか、その点も疑問となる。

本書次章以下では、司法権力は様々な仕方で市民の前に出現するという前提のもとに、それぞれの場面で立ち現われる裁判所の権力的姿をとらえ、多様な角度から、差し矢、尖《とが》り矢、繰り矢、投げ矢、征矢《そや》、火矢、あらゆる批判の矢で第三権力の的を射抜くことを試みる。そのため、自然と、それは激烈な権力批判になる。もしかしたら、いきおい余って過剰になる面も出てくるかもしれない。

その代わり、必ずや市民にとって意義のある司法権力批判になると考える次第である。

第二章

「司法囚人」の実態

――裁判官は司法権力の囚われ人

†裁判官は小権力者ですらない

裁判官は、司法権を行使する。その意味では、権力の行使者である。しかし、それ以上に、権力の囚われ人である。ちょうど囚人と同じように、その身に権力の作用を受けている。

憲法は「すべて裁判官は、その良心に従ひ独立してその職務を行ひ、この憲法及び法律にのみ拘束される」と定める（日本国憲法七六条3項）。しかし、実際には、日本の裁判官は自由な存在ではない。司法権力自体が裁判官を拘束している。

何が言いたいのか。何を根拠にそう言うのか。本章では、それを順次、具体的に述べる。

†なぜ、裁判官はかくも囚人と似ているのか

世間の多くの人は、裁判官は各自の執務室ぐらいは持っているだろうと勘違いしている。実際には、日本の裁判官は個室を持たない。裁判官は雑居である。

日本の場合、所長、長官以外は、個室を与えられないのである。たとえ、勤続四〇年近い高等裁判所の裁判長であっても同じである。合議体（通常三名）を構成する他の裁判官

と同室である。

なぜ、そうまでして個室を与えないか。それは、互いのまなざしを意識させるためである。もっと言えば、相互に監視させるためである。

日本の裁判官室の風景と言えば、相互に意識し、監視し合う、視線の三すくみ状態の、何とも微妙な気まずい空気のさして広くもない部屋になる。しかし、裁判官には、そこにしか居場所はない。

また、裁判官は、外の世界における行動の自由を事実上制限されている。裁判所と官舎とを公用車で往復させられる。もちろん、寄り道させないためである。

それだけではない。いったん官舎に帰った後の余暇の時間さえも自由にさせない。たとえば、自家用車の所有や運転は、慣行として半ば禁じられている。旅行もできない。宿泊を伴う旅行は、所属する地方裁判所の所長に申告しなければならない。

そのうえ、裁判官は、外で酒を飲むことも制限されている。ホステスなど女性がいる店に行くことなど到底叶わない。

公営ギャンブルもできない。だから、パチンコ店とも競馬場とも無縁である。賭けマージャンなど論外で、雀荘ではもちろん、内輪でも絶対にできない（賭博罪になるから）。何も賭けずに、マージャンなどしてもおもしろくないから、結局、マージャンさえしない。

常に、裁判所と官舎に縛りつけられているわけである。

かかる状況は、仮釈放を受けた受刑者と酷似する。

受刑者が仮釈放で刑務所から外に出る場合、社会に出ても遵守しなければならない事項（一般遵守事項及び特別遵守事項）が定められている（更生保護法、犯罪者予防更生法）。それによれば、

①住居変更、旅行
②射幸的行為（公営ギャンブルのこと）または遊興による浪費
③過度の飲酒

などが規律化されている（①は許可申告事項、②・③は禁止事項）。

なぜ、かくも裁判官と仮釈放受刑者とは似ているのか。

それは、裁判官の在り方の本質が仮釈放受刑者と同じだからである。

裁判官は、たしかに、「何か」からリモートコントロールを及ぼされている。見えざる「何か」から遠隔操作され、規制されているのである。これが、「裁判官は権力の囚われ人である」と述べたことの意味である。

裁判官は「司法権力の囚われ人」、つまり「司法囚人」と呼ばれるのがふさわしい。

†なぜ、死刑判断はかくも無内容なのか

日本の裁判官は、かかる作用を受けて、意識をつくり変えられ、その結果、歪んだ司法権の行使をおこなっている可能性がある。その傍証は、随時述べていくつもりであるが、ここでは一つだけ、その具体例を示したい。

それは、死刑判断の基準である。

日本の死刑判断は、人数基準を大枠として、極めて形式的な基準でおこなわれてきた。人数基準というのは、被害者の数であり、二人殺害の場合がボーダーラインとされる。殺人事件のうち、一人殺害ならば死刑にせず、三人以上であれば死刑にするという大枠があった。そして、ボーダーライン上の事件（つまり、二人殺害の殺人事件）は、金銭目的の有無や計画性の有無、被告人の年齢、前科の有無などの諸要素を定め、それらをプラス・マイナスして（「年齢は若いほど有利」など）、その総合評価（すなわち、総合点）で、どちらになるかを決めてきたのである。

なぜ、このような点数計算で人命を左右するが如き非人間的な官僚主義がおこなわれ、それに何の疑問の声もあがらなかったのか。それは、死刑判断をしている裁判官が、自動機械化されているからである。そこには、通常の感性を失った人間機械とそれが生み出す

形式性が見てとれる。

死刑の人数基準は、根拠を持たない。なぜ「被害者の数＝二人」がボーダーラインになるのか。なぜ、一人でないのか。なぜ、三人ではないのか……と問われた場合、何も答えられない。また、死刑判断と言いながら、実質は無内容である。正義論も倫理学もまるで無縁のままに終わっている。

結局、裁判官がかくの如き基準で人命にかかわる判断を長年にわたってしてきたという事実は、根拠や内容を問わずに自動機械として作動してきたことを歴然と物語る。そこにあるのは、小刻みな細目の神経質なまでの順守、それだけである。

裁判官は、裁判「自動機械」である。それも、小刻みな動きを示すだけの小型自動機械にすぎない。

†ホロコーストと同じ

また、かかる形式主義でこれまで何百人という国民を死刑にしてきたことは、ナチスのホロコーストを実行したアイヒマンの官僚主義とも近似する。

第二次世界大戦後、アドルフ・アイヒマン（ゲシュタポ・ユダヤ人課課長）は、ナチスのユダヤ人大量虐殺の実行責任者としてイスラエルで国際裁判にかけられた。

アイヒマンは、「私の罪は従順だったことだ」と陳述したが、アイヒマンがおこなったのは、まさに、どれだけ効率よく絶滅収容所へユダヤ人を送り込むかという大量虐殺の形式的合理主義だった。裁判を通して、アイヒマンの実像は、カントを読み、その道徳哲学を信条とする几帳面な性格の人物であったことも判明する。アイヒマンに言わせれば、第三帝国においては、総統の命令は、いわばカントの定言命法とみなされるものであり、その根拠や内容を疑う余地はなかった（グイド・クノップ『ヒトラーの共犯者』、ヨッヘン・フォン・ラング『アイヒマン調書』、ハンナ・アーレント『イェルサレムのアイヒマン』など）。

それは、倒錯した形式的合理性であり、ホルクハイマーやアドルノの言う「道具的理性」であり、人間としての情動停止であり、意識を作り変えられて自動機械化された姿にほかならない。

日本の裁判官は、同じく自動機械として作動し、その結果、人々を死に追いやっている点では、アイヒマンと同じである。アイヒマンは、そうやって、ユダヤ人を死に追いやったが、日本の裁判官は国民を死に追いやっている（その国民とは犯罪者であるが、冤罪を考えれば犯罪者ばかりとは言い切れない）。

アイヒマンの場合は、もはや、通常の意味の人間性を喪失し、大量殺人さえ異常と感じなくなっていた。日本の裁判官の場合は、司法殺人（＝死刑）を異常と感じられなくなっている疑いがある。

そこには、リモートコントロールという以上に、マインドコントロールとも言うべき状態が現出している。

†第三権力の黒幕とは

では、かかるリモートコントロールないしはマインドコントロールを及ぼしているところの「何か」とは、いかなるものか。

裁判官も「司法囚人」という囚われ人であり、コントロールされた自動機械にすぎないとすれば、コントロールを及ぼしている権力の黒幕は、何になるのか。その正体は何か。

その片鱗が垣間見られる現象がある。それは、「所長研修」の存在である。

職業裁判官が地方裁判所や家庭裁判所の所長になるのは、裁判官として長年経験を積み、事件処理においても優秀さを認められた末のことである。

しかし、その所長ですら、権力からの作用を免れない。これは、所長になるときに、研修(「所長研修」)があることに表われている。日本の司法部内では、敢えてかかる制度が取られている。

もちろん、地裁や家裁の所長というのは、裁判所の主力であり、経験も能力も十分とみなされた人物であるから、あらためて研修をおこなう意味などない。実質は、監視と脅しである。たとえ所長になっても、絶対に権力の作用からは免れないことの証としておこなわれるものにほかならない。その事実を確認するという意味合いである。

裁判所における監視は、決して止むことなく何人に対しても、中枢に対してすらおこなわれるのである。

つまりは、これは、権力の黒幕がいるという話ではない。

実際、「所長研修」で言えば、所長研修を受ける側の人間は、かつては最高裁事務総局勤務であったりする。とくに、大庁の所長は、最高裁事務総局勤務経験者が多い。そうであっても、裁判所における監視は、止むことなくおこなわれるわけである。

ジャーナリストや学者の司法制度論には、最高裁事務総局の存在が権力の実体であるとか、権力を握っているのは最高裁事務総長であるなどという論調が多いけれども、的外れと言わざるを得ない。そういう単純な話ではない。黒幕がいなくとも権力が作用することが重要であり、見えざる権力の自動装置が埋め込まれていることが問題なのである。

問題の核心は、黒幕の存在（権力の帰属主体）ではなくて、権力のメカニズムにある。

†メカニズムとしての権力

では、その権力のメカニズムとは、どのようなものになるのか。

それは、裁判所・検察・警察の全体である。裁判所のみならず、検察権力、警察権力を含めた司法に関連する国家権力の全体であり、より正確に言えば、その有機的関連性のことである。

それらが、総体として有機的に関連して、個々の裁判官に「見えざる手」として作用する。その実態については、追々言及していくが、一つ、例を挙げれば、次のようなことである。

刑事裁判では、検察官上訴というものがある。裁判所の判決に対して、検察官がそれを不服として上級審に対して判決の破棄を求める申し立てである。一審の地方裁判所の判決に不服なら、高等裁判所に控訴する。高等裁判所の判決にも不服なら、最高裁判所に上告する。

ここで取り上げるのは、検察官控訴が認容される率である。一審の地方裁判所の判決が、検察官の控訴によって、二審の高等裁判所で破棄された確率である。それはどのくらいになるかと言えば、全国平均で約三分の二、東京の場合は、約四分の三となっている。

つまり、高等裁判所の裁判官は、地方裁判所の裁判官より検察官を信頼する。同じ裁判官ではなく、検察官のほうを信頼している。

そこには、司法関連権力の複雑機制が働いているのである。複雑で先の見えない機制が有機的に働いた、その結果である。裁判所という枠を超えた権力のメカニズムの一例である。

裁判所は、国法上は、検察よりも上の権力である。個々の裁判官は、実際には、個々の検察官を下に見ている。実際のところ、裁判官と接する検察官は、「立ち合い検察官」と呼ばれているが（捜査検事に対する公判検事）、地裁レベルでは概して、そのポジションに就いている人でエリート検察官は少ない。検察の中でとくに優秀な人材は、特別捜査部（いわゆる特捜検事）や法務省（同じく官房検事）に配属されているからである。

だから、上記の次第（検察官控訴の認容率）は、本当に個々の検察官を信頼しているわけではない。そうであっても、しかし、裁判官は、検察権力、警察権力を含めた司法関連権力全体からの「視線」を免れないということなのである。より正確に言えば、その有機的関連性から発生するところの、個人の思惑や感情などを超えた無形の作用を免れ得ない。

まさに、その意味では、権力とは、名を持たずに常に匿名で在り、所有されずに行使されるものである。

†裁判官と検察官は腐れ縁

私が東京地裁で刑事裁判官をしていたときのこと、保釈に関して、次のような少し面白いエピソードがあった。

裁判官が保釈を認めるかどうか判断する場合、担当検察官は書面で検察側意見を出してくる。裁判官は決定を出す前に、その意見を参照しなければならない（なお、「保釈」の法的意味合いや実情などについては、あらためて第五章で触れる）。

検察官意見には、「相当」「然《しか》るべく」「不相当」の三通りがある。が、「相当」（＝保釈賛成）の意見を出してくることはまずない。「然るべく」（＝強いて反対せず）か「不相当」（＝反対）のいずれかで、前者は事実上、賛成のニュアンスに近づく。

私が担当したそのケースでは、保釈の可否は微妙だったが、結論は保釈することに決めた。検察官意見は、どうせ「不相当」で出てくるだろうと思っていたが、出てきた書面を見ると「然るべく」と書いてあったようだったので、拍子抜けがするとともに、ほっとした。

ところが、よく見ると、「然るべく」ではなくて「図《はか》るべく」と書いてある。おかしな誤字に思わず笑いそうになったが、それは一瞬のことである。

誤字のはずはない。検察官が、たったの三通り（いや、実質は二通り）しかない意見を書き間違えるはずはなかった。漢字を書けないことは、なお、あり得ない。毎日のように、書いているはずの字句なのである。

「うまく図ってやっていこうじゃないか」

というサイン以外に考えられなかった。

裁判官でもソツがない人は、保釈を可とする決定を出したいと思ったら、先回りして担当検察官に電話して、うまくその旨を伝え、「然るべく」の意見を出させるようにする。もし、その電話に対して担当検察官がすぐに色よい返事をしない場合は、「要相談」ということになる。

私は、「要相談」が面倒なので、それはやっていなかった。

その時の担当検察官は、私よりも法曹としてのキャリアがずっとあったし、大学の先輩でもあったから、たぶん、ユーモア（?）を隠れ蓑にして、それまでにも考えていたことをその機会に言ってきたのだろう。

当の被告人の身柄拘束を継続させることはあきらめ、当面のことよりも、「談合」のメッセージを伝えることを選んだわけである。「身銭を切ったのだから、少しは自分の言うことも聞いてくれよ」ということであるが、

「図るべく――いや、間違い。『然るべく』だった。でも、本当は『図るべく』、ナンチャッテ」

そういう芸をやられてしまうと、こちらも無視はできなくなる。

裁判官と検察官は、まさに腐れ縁の間柄なのである。

概して、裁判官は、法廷の上から検察官を「泥の中をはいずり回っている無骨者」と見ている。それが裁判官の検察官に関する偽らざる見方である。

他方、検察官は、裁判官のことを「本当は何もわかっていないデクの坊」と見ていると言ってよい。

そして、そういう相手の腹の中は、お互いにわかっているのである。

†内面を蝕む権力

このように、権力のメカニズム（司法関連権力の複雑機制）は、知らず知らずのうちに入り込んでくる。

裁判官と検察官の関係とは、検察官の言いなりになるとか、検察官のメンツを立てるなどという単純なことではなくて、笑いやちょっとした悪戯さえも含めた、恒常的で根深い全面的な「もたれあい」なのである。

今の日本のような法治国家の体制の下では、検察組織がいかに「秋霜烈日」の統制を誇ろうとも、また、警察組織がいかに巨大であろうとも、裁判官に向かってくることはあり得ない。

だから、「力」ということだけで言えば、裁判官は腹さえ決めれば、検察や警察の力を何ら恐れることもなければ、何憚《なにはばか》ることもない。それだけで済めばことは単純明快なのであるが、それで終わらないところに問題がある。こちらの意識自体が、無意識のうちに侵食され、質を変えられる。変えられたのも気がつかないかもしれない。

したがって、権力のメカニズムは防ぎようがないとも言える。

だから、念のために言っておくが、私だけはそれを免れていたとか、そのメカニズムに気づいていたなどというのでは、さらさらない。

それどころか、当時はその中にどっぷり浸かっていたように思う。

刑事裁判官として、最初の時期は別としても（例の「病的エポケー」による勾留却下など）、二、三か月も経つと、それこそ機械的に右から左へ事件を処理していた。

死刑判断に対しても、さほど気持ちを動かされることはなかったし――いや、その言い方は嘘になる。実際には、心の動揺など少しもなかったからである――、無期懲役や有期懲役ともなれば、さらに何の感慨もなく、勾留の裁判にしても、刑事訴訟法の精神などほとんど無視して決めていた。勝手な理屈でドシドシ身柄を拘束する決定を出して、平気だった（なお、「勾留」の法的意味合いや実情などについては、第五章で詳しく触れる）。

その内面の変化のプロセスについては、のちにあらためて振り返ってみたいが、第三権力の権力メカニズムを言い表すとすれば、それは、組織・機関としての裁判所を超え、周辺権力を含めた、その有機的関連性が生み出すところの、実体さえも定かならぬ複雑メカニズムの総体である。そうとでも言うしかないものである。

†形骸化する「裁判官の独立」

このような権力のメカニズムが働くところでは、日本国憲法の定める「裁判官独立の原則」など、砂上の楼閣、実に空疎なものと化す。

裁判官は自分を自由で独立であると思っているが、実は、権力のメカニズムによってそう思っているにすぎないかもしれない。「自由」であり「独立」であると思い込まされているだけのことかもしれない。

そう思っている主体は、知らず知らずのうちに、すでに第三権力の権力メカニズムを受けている。

個人たる裁判官に対して、権力の見えざる視線が注がれ、そのまなざしの中で、裁判官は自己を内部から権力適合的に作り変えさせられる。そして、その巧妙な権力の作用は、それを裁判官自身に意識させないほどである。

かかる権力のメカニズムは、いとも簡単に「裁判官独立の原則」をすり抜ける。裁判官独立の原則とは、すでに権力の内面化を受けた裁判官が「独立」だと思い込んでいるだけのことである。第三権力の権力メカニズムは、憲法の「裁判官独立の原則」を単にそれだけのことに変じてしまう。

主体性を持ち、主体的に行動したつもりでも、その実、それは権力の内面化を受けた主体性にすぎない。いや、裁判官とは、権力を内面化した主体にほかならない。

結局、裁判官とは「不断に権力の作用を受けながら権力としての司法権を行使する」存在であり、それゆえに、その権力の行使は、単なる権力的という以上の絶望的な歪みを免れない。複雑な権力的歪みを絶対的に免れないのである。

†絶望的な司法囚人

だから、先に、裁判官を「司法囚人」と称したのは、誇張でも悪口でもない。事実であるとともに、それは、日本の司法権と刑事裁判の現状を分析するうえで正しく必要な概念でもある。

その一つの証左に、かかる状況は、刑事法学の権威者からさえ、厳しく批判されている。戦後日本の刑事法学をリードしたのは、平野龍一博士（元東大総長）で、その学説は刑事法学界の通説的立場を形作った。その平野博士はこう批判した。

日本の裁判所は「有罪か無罪かを判断するところ」ではなく、「有罪であることを確認するところ」にすぎず、「わが国の刑事裁判は、かなり絶望的である」（『現行刑事訴訟の診断』）と。

しかし、裁判所は、その批判も黙殺し続けた。司法囚人という囚われ人が権力を行使している以上、その権力の行使は絶望的とならざるを得ないし、それを改めることも絶望的なのである。

†社会学・社会思想も警告する

前述した権力のメカニズムについても、私一人が個人的体験に基づいて勝手に言っているわけではない。

それは、まさに、フーコーの言う「パノプティコン」の仕組みである。

権力と言えば、生殺与奪の権のように、強制的に有無を言わさず相手を従え、逆らう場合には容赦なく相手の権利・自由を奪う絶対的な力を想起しがちである。しかし、そのような支配型の権力は、すでに時代遅れになっている。

考えてみれば、われわれの周りには、逆らう者に対して物理的に力を行使して傷めつけ、死においやるような苛烈な権力は見当たらない。

ナチス・ドイツの絶滅政策やスターリン体制下の旧ソ連における粛清などが徹底した批判の対象になり、過去の話になった現在、自由主義体制の法治国家、少なくとも、そのうちの先進諸国では、そのような古典的な権力観はもはやリアリティーを失っている。

近現代の権力は、原理的に言って、まったく別の特徴を持つ。

フーコーによれば、それは、「規律権力」(規律型の権力)と呼ばれる(ミシェル・フーコー『監獄の誕生――監視と処罰』など)。

近現代の権力は、無理やり力を加える直接支配型ではなくて、より巧妙に効率的に作用しているという。それは、外部からではなく内部から、物理的にではなく心理的に、直接的ではなく間接的に、強権的にではなく半ば自動的に働きかける。

フーコーによれば、近代以降の権力は、逆らう者に直接手を触れることなく、逆に、その主体の内部に働きかけ、その身体と精神を従順に作り変えることを欲する。そして、個人が自ら規律や権力に服するよう、仕向ける。その意味で、個人の主体性を無力化する。そして、そのための象徴的な仕組みが、「パノプティコン」である。

パノプティコンとは、もともとは、功利主義哲学の代表者ジェレミー・ベンサムの提唱にかかる近代的監獄の設計思想である。ベンサムは、最初は法律実務家として出発したが、刑事政策的意図をもって、パノプティコンなる「監獄の一望監視装置」を発案した。

そこでは、中央に配置された監視塔の周りをぐるりと囲む形で囚人棟が円形配置される。囚人は円形棟の狭い棟割房に閉じ込められ、房には、必ず中央監視塔に向けて窓がつけられる。

この仕組みの中では、閉じ込められた囚人は、常に中央監視塔からの視線を意識しないわけにはいかない。そこでは、四六時中、食事中も入眠中も用便中も、嘆く時も笑う時も、怒る時も祈る時も、ただ単に無為に過ごす時さえも、監視されているという意識が離れない。狭い房の中で、中央監視塔の視線から逃れる場所はどこにもない。そうした毎日を繰り返すうちに、人は、いつしか、規律を欲する中央監視塔からの視線を自己の内部に取り込むほかなくなる。いつ何時、監視されていてもよいように、自分からそれに見合う姿勢や動作をするようになるだろう。いま見られているかもしれないという意識は、常に身体と精神に緊張をもたらし、権力適合的な行動を取るよう仕向ける。最初は、食事や用便の時だけかもしれないが、そのうち、起きているほとんどの時間帯に、そうするようになる。最後には眠っている間も半ば無意識のうちに、そうなるはずである。囚人自らの意識（さらには潜在意識、無意識）が自分自身の身体と精神に常にそう仕向けるのである。

こうして、権力は、囚人の内部に働きかけ、その内部から身体と精神を従順に——権力に好都合に——改造する。

そして、権力のメカニズムがそこまでくれば、もはや、中央監視塔に看守が常駐していることさえも必要ではない。囚人から見て看守の姿が現認できなくとも、同じことが起こるだろう。監視されているかもしれないという意識、その意識だけで、囚人は、いま見られていてもよいように、それに見合う姿勢や動作を取るにちがいない。

つまり、誰にも監視されていなくとも、同じ効果が期待できる。

これは、単なる効率の問題ではない。結局のところ、権力に刃向かう者が、誰に監視されていなくとも、自らオートマティックに従順になっていくのである。個人を打ち負かそうとする権力の外部的作用が個人の内面の自動的な作用、それも、自己を無力化する作用に転化している点が、この場合の本質である。

だから、パノプティコンに代表される権力は、古典的な権力とは、まったく異なる在り方をしている。より巧妙なメカニズムを持った権力の姿である。

それを、フーコーは「規律権力」と名づけた。

†無根拠服従性のメカニズム

そして、フーコーによれば、この規律権力のメカニズムは、監獄に限らず、近現代では至るところにみられるという。

すなわち、規律権力の作用は、監獄の囚人に対する扱いのみならず、軍隊の徴用兵に対する扱い、資本家の工場労働者に対する扱い、あるいは学校の生徒に対する扱いなど、われわれの社会の根幹をなす近現代的なシステムの要所要所でことごとく現れる。

フーコーは、規律権力の作用は、おかしくも悲しい次のような特徴を持つとした。それは、無根拠服従性、無内容性、反射的反応性（身体反射とも言うべき反応性）である。

たとえば、炎天下で意味もなく繰り返される行進、足の上げ下げや腕の振りを不自然なまでにそろえる規律、分単位で小刻みに決められた時間間隔の厳守……等々である。これらが、監獄の囚人に対する扱い、軍隊の徴用兵に対する扱い、学校の生徒に対する扱いなどで典型的に見られることは言うまでもない。

すなわち、規律権力の作用は、規律服従を求めるが、そこでは規律の根拠を問うことなしに従うことが求められている。また、行為の意味内容いかんにかかわらず、頭ではなくて身体が反応することが求められる。

規律権力のもとで、われわれは、根拠や内容などは考えもせずに、いわば身体反射として権力適合的な行動を取るようにつくり変えられていく。個人の意識自体が、そうつくり変えられていくわけである。

それが近現代の社会であり、近代人・現代人の本当の姿であると、フーコーは喝破した。

†裁判所はパノプティコン（監獄）

ここまで来て、第三権力の一面がはっきりと浮かび上がってきたのではないか。

前に、裁判官は「司法囚人」であると言ったが、裁判所自体が「パノプティコン」なのである。

フーコーの顰《ひそみ》に倣って、以上で述べたことを再論すれば、次のようになる。

①裁判官は、法の担い手であるはずなのに、なぜ、その日常生活の在り方は、仮釈放受刑者に酷似するのか。

それは、「裁判所パノプティコン」にとらわれた「司法囚人」だからである。パノプティコン内に閉じ込められた囚人なのだから、実際の仮釈放受刑者と似かよるのはハナから当然のことである。

②裁判官は、個室の執務室を与えられず雑居しているというが、なぜ、そんなことにな

っているのか。

それは、雑居制こそがパノプティコンの「視線」を作用させる仕組みだからである。「裁判所パノプティコン」には監視者はいないが、監視者がいなくとも作用するのが、パノプティコンの仕組みの特徴である。
③裁判官は、裁判所庁舎と官舎の間を公用車で往復させられ、世間との接触を避けて隔離されているらしいが、なぜ、そうまでして隔離し、縛りつける必要があるのか。
それは、規律権力を及ぼすためには閉鎖性が不可欠だからである。フーコーによれば、規律権力の場を特徴づけるのは、外部との仕切り、隔たり、不透明さなどである。かかる物理的、心理的隔壁の中で、規律権力はより効率よく作用する。
④これまでの日本の裁判所の死刑の基準は人数基準であるというが、どうして、本質的な根拠のないはずの人数の多少を第一の拠りどころとするのか。なぜ、正義論や倫理学などによる、もっと深化した内容の検討をしないのか。
無根拠性、無内容性こそが、パノプティコンの作用の特徴だからである。フーコーによれば、無根拠服従性、無内容性、反射的反応性こそが、規律権力の作用の特徴である。死刑基準の形式性は、むしろ、裁判所パノプティコンからすれば必然なのである。
⑤巷間見かける「司法の権力は最高裁事務総局が握っている」「裁判官は検察の言いな

りになっている」等々の組織論や権力論は、どうして状況の変化に少しも結びつかないのか。

権力論として大事なのは、その帰属主体を探求することではなく、権力のメカニズムの解明にある。誰か権力の黒幕がいるのではないかという素朴な観点では、近現代の権力の核心に迫ることはできない。フーコーによれば、規律権力を考察する場合、権力の帰属主体を探ることには意味がない。フーコーの「規律権力」の権力観の意義は、権力のメカニズムを明かしたところにある。

⑥日本の場合、憲法で裁判官独立の原則が規定されているはずなのに、個々の裁判官が真に独立で自由であるとは到底思えないのは、なぜか。

それは、「裁判所パノプティコン」の規律権力の作用は、裁判官独立の原則を風のようにあるいは放射線のようにすり抜け、通り抜けるからである。無人でも作用する規律権力の仕組みは、ここでも巧妙に作用する。むしろ、この裁判官独立の状況でこそ、その巧妙さを最大限に発揮しているとさえ言える。独立で自由であると思っている個人がすでに意識を作り変えられているとすれば、それも権力の作用によってそうなっているとすれば、どうか。

「独立」や「自由」には何の意味もないだろう。それは、すでに権力を内面化した者の

「独立」であり「自由」でしかない。それは恐るべきことに、権力を内面化した主体の「主体性」にすぎない。つまり、それを発揮されるとかえって始末に困るような代物に変わっているのである。

本来、権力に抗い得るはずの格調高い「自由」「独立」「主体性」が、すでに反転、権力的発想まがいのものに変えられてしまっている。

規律権力の巧妙な仕組みは、憲法原則などいとも簡単にすり抜け、対象を自動規律化することに易々と成功する。

フーコーが「パノプティコン」と「規律権力」の解明によって警鐘を鳴らしたのは、権力の在り方もさることながら、それ以上に、近代的な「自由」「自律」「主体性」の危機だった。

第三章

裁判所の犯罪

——「冤罪でも死刑!」の精神構造

†検察官も嫌がる厳罰裁判官とは

日本では「裁判所は人権の砦」などと言われることがある。

しかし、裁判所はあくまで、司法という国家作用を担う国家法上の機関、すなわち、一の国家権力であるから、国民の自由と権利（人権）を尊重するとは限らない。むしろ、国家権力である以上は、放っておけば人権を抑圧すると考えるのが自然である。

現代の国家権力は、立法権、行政権、司法権の三権分立制のもとにある。その三権の中でも、司法権はとりわけ保守反動的で警戒しなければならないという基本思想さえある。たとえば、フランスでは、アンシャンレジューム期において、高等法院が様々な改革にことごとく反対してきた歴史的経緯から、裁判所に対する警戒感が強い。フランス革命によって真っ先に廃止されたのが高等法院だった。

実際、日本でも、「検察官も嫌がる厳罰裁判官」という人たちがいる。

私が刑事裁判官として東京地裁（立川支部、当時・八王子支部）に配属されていたころ、二カ部ある刑事部の裁判長には、いずれも最高裁事務総局勤務経験者が充てられていた。支部の裁判は大変だったからである。東京の場合、本庁と同支部の二か所しか裁判所がなく、およそ半分の管轄を有する同支部では、裁判官一人当たりの業務量は本庁よりもずっと多かった。

その二人の裁判長のうち、一人は、検察官の求刑を上回る判決を平気で続発する人だった。こういう裁判官は、検察官から最も嫌われる。検察官が本当に嫌がるのは、人権派裁判官などではなくて、この種の「求刑超え」をする厳罰裁判官である。

検察官にしてみれば、裁判官にこれをやられると立場がなくなる。検察内部で「なぜ、もっと重い求刑をしなかったのか」と問題にされる。

担当検察官としては当面の相手（弁護側）には完勝し、完璧に勝ったと思っていたら、横合いから立会人に切り付けられたようなものであるが、一切の言い訳ができない。特殊な度を越した厳罰傾向の裁判官だからこうなったわけであるが、それが悪いとは口が裂けても言えない。あくまで厳罰を求めるのが検察の立場だからである。「担当検察官として求刑を誤った」という上司（検事正、次席検事）からの非難を甘受するほかない。

検察は裁判所とは違って上命下服の組織で評価制度もはっきりしているから、結局のところ、減点評価を免れない。ベストを尽くしたつもりが、無能検察官との評価を受けてしまうのである。

そのため、当時の立ち合い検察官は、弁護人などそっちのけで裁判長のことを警戒していた。

少し脱線したが、かかる厳罰裁判官は、検察官よりも保守的であり、治安維持的であることは明らかである。要するに、検察よりもさらに人権抑圧的なのである。

だから、「裁判所は人権の砦」などというのは、日本の裁判所が手前勝手に標榜しているだけのことである。そのままそれを真に受けている市民は少ないとは思うが、どこか頭の片隅に「そういう面もある」という幻想や淡い期待を抱いているかもしれない。

ここでは、それが単なる幻想であり、日本の現在の状況は、いかなる楽観も期待も許さないことを示す。

†裁判所は人権抑圧機関?

本章では、ある意味では検察以上に市民の自由や権利を抑圧する裁判所の姿に焦点を当てる。日本の裁判所が、どれだけ人権抑圧的に権力の行使をおこなってきたのかを取り上げる。

ただ、そうは言っても、裁判所の人権抑圧権力としての姿を客観的に明らかにするのは、そう簡単なことではない。次のような困難がある。

もともと、われわれの社会においては、裁判所の判断は最終解決であり、最終結論とみなされる。それが、社会制度を成り立たせる一つの前提になっている。だから、確定判決の内容を批判して、それが不当な人権抑圧であるという議論は、そのままでは、単なるイデオロギーと区別できない。つまり、ただの裁判批判では、議論の客観性を担保できない。では、それを免れるためには、どのような方法があるか。

そのために、ここでは、まず、冤罪現象に着眼する。そして、次いで、その正反対の現象も取り上げる。

まずは冤罪現象であるが、冤罪とは、無実の罪のことであり、いったんは有罪判決を受けた無実の者の罪が上級審や再審で晴れることである。裁判制度との関係で言えば、誤判である。このようなケースにおいては、裁判所自らが、当初の有罪判決が誤りであったこと（「誤判」）を公式に認めている。だから、この意味における冤罪事件のカテゴリーは、誰が見ても、裁判所の不当な権力の行使がおこなわれたと言えるわけであり、負の実例にほかならない。

次いで、司法的な救済現象に着眼する。

裁判の一審で無罪判決が出されたケースは、何はともあれ、司法的救済が実現された実例と言える。そのようなケースも、無実の者を逮捕し、起訴した点で、警察や検察は、誤認逮捕、不当起訴の非難を免れないかもしれないが、裁判所としては、一審で無罪判決を出す以上にできることはない。また、その点にこそ、裁判所の存在意義もある。したがって、いかなるイデオロギー的立場に立とうとも、一審無罪事件のカテゴリーは、司法的な救済現象とみなすほかない。正の実例である。

一方で、どのような誤った権力の行使をおこない（「冤罪」「誤判」）、他方では、いかなる救済を行なったのか（「司法的救済」）。

この正負二つの現象を比較・対照すれば、およそ、日本の裁判所の権力としての在り方、性質、特色を客観的に認識することができるはずである。

単なるイデオロギーとは区別された権力批判をおこなうことができる。

†死刑冤罪とは何か

ここで考察の対象とするのは、個人と国家権力との関係であり、まず冤罪現象に着目するが、なかでも、死刑冤罪に焦点を当てる。

死刑冤罪とは、「無実であるにもかかわらず死刑判決を受け、無実であることが死刑執行前に判明した場合」のことである。

死刑が執行されてしまえば、実際上もう冤罪かどうかはわからないから、結局、その前の段階で冤罪が判明した場合に限られる。もちろん、死刑執行により闇に葬られた、暗数としての死刑冤罪も存在するかもしれないが——いや、確実に存在するであろうが——議論の客観性担保のために、それはここでは除外する。

話を戻すと、冤罪が判明する段階には、再審と上級審の二つの段階がある。

前者（再審冤罪）は、死刑判決が確定した後に、再審（判決やり直しの非常手続）で冤罪が判明した場合であり、暗数としての死刑冤罪（「闇から闇へ」）と紙一重の場合である。死刑判決が確定しているから、必然的に「明日にも死刑執行」という状態に追い込まれることになる。冤罪者にとって最も過酷で絶望的な、まさに想像を絶するケースである。

後者（上級審冤罪）は、三審制度の中で冤罪が判明した場合である。ただ、三審制度の中で冤罪が判明したといっても、ひとたび死刑判決を下されているのであるから、冤罪者がそれによって受けた衝撃と恐怖は、やはり想像を絶するものがある。とりわけ、一審でも二審でも死刑判決を受け、最後の最高裁でかろうじて差し戻しを得て難を逃れた場合は、この類型の中では最も冤罪者に対するダメージが大きく、その苛酷さは、再審冤罪（前掲）に近づく。

そこで、本書では、まず、全体を通して最も過酷な前者の死刑冤罪を「再審・死刑冤罪」と称し、次いで、後者の死刑冤罪のうち、その中で最も苛酷な類型を「差戻・死刑冤罪」と称する。そして、以下では、この二つを主に取り上げる。

では、「再審・死刑冤罪」や「差戻・死刑冤罪」のカテゴリーには、どのような事件があるのか。

カテゴリーとしての「再審・死刑冤罪」には、戦後日本の四大死刑冤罪として知られる松山事件、免田事件、財田川《さいたがわ》事件、島田事件がある。

カテゴリーとしての「差戻・死刑冤罪」には、二俣《ふたまた》事件、仁保《にほ》事件、幸浦《さちうら》事件、八海《やかい》事件などがある。

これらは極限的な苦難と言えるが、司法権力によって、かかる苦難にさらされた冤罪犠牲者とは、どのような立場の人々だったのか。以下では、とくに、この点にウエイトを置いて、日本の司法権力の行使を見ていく。

†山中の伐採職人を冤罪で死刑に――免田事件

免田事件は、熊本県人吉市の祈禱師一家四人が殺傷された事件で（夫婦死亡、子供二人は重傷）、凶器に鉈《なた》が用いられた（らしい）ことから、近隣で伐採の仕事に従事する免田青年が疑われた。

事件から二週間ほど後、警察は免田青年を別件の窃盗で逮捕、取り調べの結果、一家殺傷事件を自白したとされた。裁判では、免田被告は、拷問による自白を訴え、犯行当日のアリバイを主張したが、裁判の結果は、一審から最高裁まですべて死刑判決だった。

この事件では、凶器とされた鉈などの証拠物件が検察庁保管中に紛失していた。再審で免田被告の冤罪が晴れたのは、事件から三四年後のことだった。再審で無罪を言い渡した判決では、自白は強要によるもので、当日のアリバイも成立していたとされている。

免田被告は、事件が起きた当時は二三歳だった。実家は、免田町に田畑を所有する農家だった。免田青年は次男で、農繁期には実家の農業を手伝い、農閑期には山に入って伐採や植林に従事していた。別件逮捕の根拠とされた「別件」とは、玄米やもみを盗んだという容疑だった。

†不良少年は冤罪でも死刑――財田川事件

財田川事件は、香川県の琴平の奥の山間の財田村（現・三豊市）で、一人暮らしの初老の男性が殺され、現金が奪われた事件で、地元の一九歳の少年が疑われた。

事件から約一か月後、警察は、少年を別件で逮捕、取り調べの結果、先の強盗殺人を自白したとされた。裁判では、少年は自白の強要を訴えるが、結果は、一審から最高裁まですべて死刑判決だった。終戦直後の時期には、強盗殺人など金銭目的の殺人は、一人殺害でも死刑になることが少なからずあった。

この事件でも、死刑判決を受けた少年の冤罪が晴れたのは事件から三四年後のことだった。このケースでは、自白の強要に加えて、物証の評価の誤りも冤罪の原因になっていた。少年の家から押収されたズボンには血痕が付着していたが、後になって少年の兄のズボンだった疑いが出てきた。

少年は、地元では不良少年として有名だったが、他面、土工や炭焼きなどをして稼いだ金を家族に入れていた。

†放浪青年は冤罪でも死刑——島田事件

島田事件は、静岡県島田市内の幼稚園から女児が連れ去られ、近くの雑木林で扼殺死体となって見つかった事件だった。若い男と一緒に歩いている被害児童が目撃されていた。警察は、島田市の出身のA青年を疑い、タオルなどの窃盗の容疑で別件逮捕して取り調べた。Aは、そのころは、横浜、平塚、三島、沼津、静岡、岐阜などを放浪していたが、警察では、事件当時は島田市を徘徊していたと見ていた。取り調べの結果、女児誘拐殺人を自白したとされた。裁判では、Aは自白の強要を訴えたが、結果は、一審から最高裁まですべて死刑判決だった。

この事件でAの冤罪が晴れたのも、逮捕から三四年後のことだった。この冤罪には、自白の強要に加えて、法医学鑑定にも原因があった。推定凶器と女児の遺体の損傷状況が符合しないことが後に明らかになった。

A青年は、事件が起きた当時は二五歳だった。各地で砂利運搬、掘削、市の水道工事などの作業員として働いていた。実家は下駄を商っていたが、もともと近所付き合いも少なく、当時、両親はすでに死亡し、兄夫婦が継いでいたため、ひとり流浪の旅に出ていることが多かった。

†「ねつ造証拠で死刑」の無法——松山事件

死刑冤罪でも最もひどいのが、松山事件だった。ねつ造された証拠で死刑を言い渡し、確定させていたからである。

そこにおいて、司法権力が、いかにして無実の市民を死に追いやろうとしたかを見る。

一連の出来事は、宮城県の仙台近郊の松山町（現・大崎市）で農家が全焼したのに端を発する。焼け跡から夫婦と子供二人が焼死体で見つかったが、焼死体の頭が割られていて、殺人事件であることが判明した（一家四人みなごろし事件）。警察は、事件直後に東京に働きに出た若者Sを、高飛びしようとしたと見て別件で逮捕する。取り調べの結果、Sは一家みなごろしを自白したとされた。

裁判では、Sは自白の強要を訴えるが、結果は、一審から最高裁まですべて死刑判決だった。

この冤罪の原因には、自白の無理強いだけでなく、すでに述べたように、証拠のねつ造があった。裁判では、Sの家から押収した布団カバーの血痕という客観的証拠が存在した。証拠物として法廷に提出された布団カバーには、実際に、八十数か所にわたって細かい血痕が付着していた。そして、鑑定の結果、これは人血であり被害者の血液型と一致するとされていた（返り血を浴びたSの頭髪から付着したものとみなされた）。

最終的に冤罪を認めた再審の判決では、「当初、血痕は付着していなかった蓋然性が高い。本人以外の者がつけた可能性がある」との判断が示されている（仙台地裁昭和五九年七月一一日判決「本件掛布団の襟当てには果たして……当時から血液群が付着していたのであろうか」「右物証については、押収、保管、移動並びに鑑定経過に……疑義が認められ、そのことが……押収以後に血液群が付着したとの推論を証拠上容れる」「当初から付着していなかったかなり高度の蓋然性が認められる」）。

Sは、事件が起きた時には二四歳だった。製材工として地元の製材所で働いたのち、当時は家業の製材業を手伝っていた。日頃よく飲み歩いてはいたが、兄夫婦と同居していて、製材業手伝いでそれ相応の定期収入も得ていた。事件後に東京に出たが、それは友達二人と一緒に上京して、知り合いのところで住み込みで働く目的だった。そのため、逮捕された場所も、住み込み先の精肉店だった。

警察は、それを高跳びしようとしたとみて別件逮捕したわけであるが、その逮捕の理由となった別件とは、Sが夏祭りの夜に友達と喧嘩したという傷害の容疑だった。

Sの冤罪が晴れたのは、事件から二八年後のことだった。冤罪が晴れた時には、すでに実家の製材店は廃業、所有する地所も人手に渡っていた。兄夫婦をはじめ、兄弟はすべて他所に移り住み、嫁いでいた姉はとうの昔に離婚を余儀なくされていた。

†市民から人権を引き剝がす

この死刑冤罪事件の最も大きな問題は、もちろん、証拠のねつ造であるが、それ以外にも、見逃し得ない不当な司法権力の行使があった。

冤罪者であるS自身は、「額を突く、肩を押すなどの暴行を絶え間なく加えられた」と上申書などで自白の強要を再三訴えていたが、これに対して、裁判所は、極めて特徴的な、その歪んだ権力の姿を示す判断をしていた。

裁判の二審、仙台高裁は、当人が「柔道初段で空手の心得があり、入れ墨もしているから」という理由で、「不当な扱いがあったとしても、その程度のことでは自白の強要には当たらない」と決めつけていた（仙台高裁昭和三四年五月二六日判決「右程度のことで精神的拷問を受けたものとは考えられない」）。そして、自白の任意性を疑う余地はないと断じていた。

後にあらためて詳論するが（第五章）、自白の任意性とは、自白の強要の有無と等値であり、とりもなおさず、捜査に対して法が課した最も重要な制限原理である。警察権力というリバイアサンに、市民が抵抗し得る、ほとんど唯一の有効な手段である。市民が警察権力から強制力の行使を受ける場合、これ以上に頼れる事柄はなく、これ以外にすがるものはない。

個人が生き延びる上で、あらゆる市民的自由の前提条件となる法的保護である。もし、その法的保護が根拠もなく取り払われるならば、刑事裁判の場で、現代の市民は、たちまち前近代的な封建時代の領民へと逆戻りしてしまうと言っても過言ではない。

現代においても科学捜査には少なからぬ限界があり（対照すべき現場指紋やＤＮＡ鑑定の資料が残されていない事件はいくらでもある）、たとえ無実であっても、いったん警察権力に疑われた者が、そう簡単に冤罪を晴らせるわけではない。

警察権力によって自白が強要され、その自白のために司法権力によって簡単に有罪が宣告されるとすれば、その構造は、宗教裁判や領主裁判と変わらない。

ところが、先の判決は、警察権力に対する市民の唯一の防波堤を「柔道初段で空手の心得があり、入れ墨もしている」ということで外してしまっている（なお、厳密に言えば、松山事件のSは、すでにその当時には入れ墨は消していた）。

裁判所は、最も重要な法的保護を生身の人間から簡単に引き剝がしたのである。

それだけではない。松山事件では、法的保護を外す理由として被告人（冤罪者）の属性を論じており、しかも、その属性とは、本来的に法的判断とは何の関係もないはずの、市民の普段の生にかかわる事柄（日常生活関連事項）だった。だから、それは、明らかに、恣意的であると同時に差別的である。

つまるところ、冤罪者を差別して死に追いやろうとしたわけである。

†まだまだ続く死刑冤罪――二俣事件、仁保事件、幸浦事件

これまでに見たのは、「再審・死刑冤罪」のカテゴリーであるが、「差戻・死刑冤罪」にまで視野を広げると、どうなるか。

このようなカテゴリーには、すでに述べたとおり、二俣事件、仁保事件、幸浦事件、八海事件などがある。

二俣事件は、静岡県磐田郡二俣（現・浜松市）で、正月早々、バラックに住む一家四人

が惨殺された事件だった。逮捕されたのは、地元で父親と一緒に中華そばの屋台を引いて生活していた一八歳の少年だった。

仁保事件は、山口県吉敷郡仁保（現・山口市）で、農家の一家六人が夜のうちに惨殺された事件だった。この事件で犯人として逮捕されたのは、大阪で無宿生活をしていた地元出身の男性だった。

幸浦事件は、次のような事件だった。

静岡県磐田郡幸浦（現・袋井市）の海岸近くの飴屋を営む家で、赤ん坊を含む一家四人が忽然と姿を消した。その後、海辺の砂浜に埋められていた一家四人の絞殺死体が発見された。事件から二か月半後、警察は、地元の農家の若者二人を逮捕、取り調べの結果、自白が取られ、二人の自供によって中年の左官業の男も共犯者として逮捕された。三人は一家皆殺しの強盗殺人犯として起訴された。

これらの事件は、最高裁で差し戻しとなり、最終的には、上記の登場人物は全員無罪となった。が、無実であるにもかかわらず、一審でも、二審でも死刑判決を言い渡され、絶望と恐怖に直面させられていたのである。

†八海事件の混迷

八海事件も、「差戻・死刑冤罪」のカテゴリーに属する。が、冤罪態様や裁判経過がやや複雑で、次のような事件だった。

山口県東部の八海《やかい》という農村で資産家の老夫婦が殺害された。

被害者夫婦のうち、夫は刃物でメッタ切りにされて布団の中で死んでおり、妻は、鴨居に首を吊った姿で死んでいた。金品が奪われていることから、捜査本部は心中に見せかけた他殺事件と断定、夫婦強殺事件として捜査を開始した。そして、被害者の妻を鴨居に吊り下げるという偽装工作の状況から複数犯説を取った。

まず、近所に住む若者Pが犯人として挙げられた。Pは返り血を浴びており、凶器も発見された。Pの自白は、当初は単独犯だったが、捜査本部が共犯関係を追及した結果、Pは遊び友達のQほか三名の名前を共犯者として挙げた。五人で被害者宅に侵入したうえ、こもごも被害者老夫婦に攻撃を加えて殺害し、金品を奪ったという供述に変わった。これによって、五人全員が起訴された。

裁判ではどうなったかと言うと、犯行を認めて共犯の名前を出したPは、「反省の情」ありとされ、死刑を免れて無期懲役となった。名前を出された方のQは、自分は無関係であるとして冤罪を訴えたが、主犯と目され、一審、二審とも死刑判決が下った（他の三名も有罪）。

死刑判決を受けたQは、最高裁に上告。最高裁では、Qの言い分が認められ、単独犯の可能性があるとして事件差し戻しとなった。差し戻しを受けた広島高裁では無罪判決となる。

しかし、これでは終わらなかった。

今度は、検察が検事上告をおこなう。再度の最高裁。最高裁は、今度は一転して検察側主張を認めて、広島高裁への再差し戻しをおこなった。再差し戻し審では、またもや死刑判決。Qは、もう一度上告。すると、最高裁は再び反転、再差し戻し審の死刑判決を破棄した。そして、三度目の正直ということか、自判《じはん》して無罪を言い渡した（他の三名も無罪となった。なお、自判とは、最高裁自身が結論を出すやり方で、下級審に差し戻して判決をやり直させる「差し戻し」に対する用語。自判は法律審である上告審としては異例）。

この間、一七年。無期懲役が確定したPは、犯行は自分の単独犯だったと告白するに至っていた。

死刑の恐怖にさらされたQは、事件が起きた当時は、二四歳だった。九歳の時に父親を亡くし、以降は、母親が内職で子供六人を育てる極貧家庭に育った。事件のころは、内妻とともに知り合いの家に間借りし、人足などをして暮らしていた。

†「恐怖の裁判長」が降ってくる

八海事件では、日本の司法権力を象徴するようなエピソードがあった。

この事件の一審でQに死刑を言い渡した山口地裁岩国支部の裁判長は、上級審でQの冤罪が次第に明らかになっていくにつれ、自分の判断は誤りではないとして、裁判所パノプティコンの外の世界に訴えたのである。

まず、言論界に進出して、Qの有罪を訴える一般書を出版し、あくまで死刑を主張した（藤崎晙《あきら》『八海事件――裁判官の弁明』『証拠・続八海事件』一粒社）。

そして、Qの冤罪が司法的に確定するころ、もはや自分の考えが理性的言論では通らないと見るや、今度は、裁判官を辞めて参議院議員選挙に立候補した。あくまでQを死刑にすべきであると訴えたのである。もちろん、この裁判長は落選したが、そこには、恐るべきところまで権力を内面化した裁判官の特異な姿がある。

いや、この裁判長は、特殊例外的と言うより、むしろ、正直だったのだろう。日本の司法権力は、規律権力を過剰なまでに内面化した裁判官を要し、国民に対して牙を剝く。八海事件では、図らずも、その姿があからさまになってしまった。

もとより日本の司法権力の本質がそうなのである。八海事件の裁判長は、実は、日本の典型的な裁判官像である。日本の司法権力は、普段は、牙を隠しているだけである。

†司法的救済の実情

以上は、死刑にかかわる冤罪現象である。

では、他方、死刑にかかわる司法的救済のほうは、どうなっているのか。

死刑事件で、一審で無罪判決が言い渡され、救済された事例は、どのくらいあるのか。最高裁は、冤罪については統計など取ろうともしないが、一九五八年から、この種の「(自称)救済例」の統計を取り始めた。「死刑求刑――一審無罪」事件の統計である(死刑求刑がおこなわれた事件で、一審で無罪判決が出された事例の集計)。

では、その数は、どれくらいあるか。それは、九件である。一九五八年以来二〇〇九年に裁判員制度が始まるまでの間に、九件しかない。

しかも、うち四件は、上級審で破棄されて死刑が確定するなど有罪に変わっているから、司法的救済の実をまったくなしていない。結局、司法的救済がおこなわれたのは、五件のみである。

では、その五件の中身はどうか。うち一件は、暴力団事件になっている。暴力団の幹部に対して無罪判決を言い渡したものだった。

†弱者を没落させる権力

ここでは、様々な形で現れる司法現象のうち、国民の自由にとって最も影響の大きい死刑事件に限って取り上げ、そのうちでも、方向性の明確な権力行使に焦点を当てた。一つの端を死刑冤罪（「再審・死刑冤罪」「差戻・死刑冤罪」）として、もう一つの端を死刑事件救済例として、全体の断層診断を試みたわけである。

ここから、日本の司法権力は、およそ、「人権の砦」や「社会的弱者の救済」とは縁薄い権力であることが診断される。

もちろん、以上は断層診断であり、一部からの見立てであって、全体をダイレクトに把握できているわけではない。日本の司法現象全体を一本の羊かんにでもたとえた場合、両端の切り口であり、その間にはさまざまな中間形態がある中での消息である。

だから、日本の裁判所は、かつて、一度も「人権の砦」だったことがないとは敢えて言わない。社会的弱者の救済をおこなったことがないとも敢えて言わないことにする。

しかし、では胸を張って、「人権の砦」「社会的弱者の救済」のための機関と言えるかといえば、そのような代物でないことは火を見るよりも明らかだろう。

さなきだに、ここで取り上げた冤罪現象は、全冤罪事件のうちのほんの一部である。

たとえば、それ以外の冤罪のカテゴリーで、無期冤罪事件（誤判で無期懲役判決を確定させられ、長年服役させせられていたケース）を見れば、最近、大きな話題となった足利事件、東電ＯＬ殺害事件がある。これらのケースでは、よく知られているとおり、司法権力の犠牲となったのは、幼稚園のバス運転手であり、外国人労働者だった。

ここでも、冤罪犠牲者は社会的弱者であり、つまりは、日本の裁判所の権力の不当行使の矛先は一定のところに収斂しているのである。

だから、その権力行使の在り方には、どうしても一つのアフォリズムを想起しないわけにはいかない――「弱い者、力のない者は、徹底的に没落せよ」（ニーチェ）。

第四章

日和見の権力

——政界汚職事件ではいつも腰砕け

†裁判所があるのは何のため

前章で述べたのは、個人と国家権力との関係である。

日本の裁判所が、個人の権利・自由にとって大して重要な役割を果たしていないとすれば、それは何のために存在しているのか。

一つには、その反面として、治安維持のために存在していると言えるだろう。

しかし、裁判所の歪んだ姿は、それに尽きるものではない。たとえば、民事では、裁判官は大手金融機関には一般に非常に気を使う。政府系金融機関や都市銀行を裁判で負かせることは非常に少ない。それは金融資本主義が支配する社会では、ある意味、当然と言えるかもしれないが、しかし、裁判所は、この日本の資本主義体制のもとで何かに奉仕しているのではないかという疑問を提起するのではないか。

権力論としての新たな眺望（パースペクティヴ）が生まれる。

前章で述べたのは、権力批判をする場合、最もポピュラーな観点になるが、本書では、以上とは別に、もう一つ、独自の観点から裁判所の権力性を考察する。裁判所は、権力機構全体の中で何に奉仕し、何を目的としているのかというパースペクティヴである。

そして、日本の裁判所が、いかに風見鶏的で頼りにならないかを暴く。

†政治権力と検察権力のはざまで

本章における問題の取り上げ方はやや特異である。

裁判所が、何に奉仕し、何を目的としているのかを政治権力との関係で考える。

それも、裁判所とは直接関係ない「政治権力と検察権力の闘い」の場面において考察する。この権力批判の角度は、具体的には、以下のような行論となる。

政治権力は、むろん、それ自体強大ではあるが、国家権力を成り立たせているハードな権力そのものとは言えない。ハードな権力とは、実力装置として国家を構成する権力、つまり、検察権力、警察権力……のことである。

政治権力は、かかるハードな権力と結びつき得るが（「癒着」）、日本の場合、むしろ、権力相互間において特殊な権力闘争の歴史があった。政治権力と検察権力との間で、熾烈な闘争が繰り返されてきたのである。

戦後、日本の検察権力は、政治権力（ときの政府）に対して、強制捜査権を武器に、常に挑戦し、攻撃する構えを見せてきた（昭和電工事件、炭鉱国管《たんこうこっかん》事件、造船疑獄事件、武州鉄道事件、吹原産業事件、ロッキード事件など）。

戦前は、軍部に対してすら、同様の強硬姿勢で対峙していた（シーメンス事件など）。

日本の場合、検察権力は、そういう特殊な在り方をしている。これは、同じく実力装置であり、司法周辺権力である警察権力が、一切、そのような動きを見せたことがないのと対照的である。

「政治権力」対「検察権力」――この二権力間の闘争は、古典的な三権分立とも、マルクス主義的な階級闘争やイデオロギー対立とも無縁なところで、しかも議会制民主主義の枠外でおこなわれてきたものである。

つまり、国家権力の自己保全ということでは、およそ説明できない。国家権力の強化とは逆行するような特異な現象である。言ってみれば、日本の検察にとって、政治権力に対して闘争を挑むことは自己目的であり、それが検察権力の存在意義とさえなっていたふしがある。

では、その検察権力と政治権力のはざまで裁判所はどうだったか。いかなる態度を取り、いかなる姿勢に終始したか。

†政治権力と裁判所の間合い

検察権力の政治権力に対する闘いは、強制捜査権を武器にする以上、必ず汚職摘発の形を取る。つまり、法的枠組みのなかでその目的が追及されるのであり、最後は裁判の形での決着にならざるを得ない。裁判所の姿勢が大きく影響することになる。汚職事件において裁判所の有罪判決が見込めればこそ、検察は政治権力に挑戦できるわけである。だから、「政治権力」対「検察権力」の権力闘争に関する裁判所の姿勢が問われる。そして、そこに、日本の裁判所の在り方、その権力的特色の一つを見て取ることができる。

これは、政治権力との関係を例に、いわば権力のスタンスを探る試みである。

読者は、裁判所のもう一つの隠された顔を見るだろう。それは、政治権力には一転弱腰になって、無理やり口実を設けて無罪判決をしたり、有罪判決を引き延ばす「法の番人」の姿である。

日本で繰り広げられてきた「政治権力」対「検察権力」の権力闘争の中で、明らかに、裁判所は意図的に検察の足を引っ張り、政治権力との妥協を繰り返してきたのである。

†検察の汚職捜査の歴史

政治権力との関係で、裁判所の権力のスタンスを見るために、まずは、その前提となる「政治権力と検察権力の闘い」の場面を取り上げる。

検察による政界汚職の摘発は、戦後の主なものを一覧的に挙げると、次のようになる。

①芦田内閣を総辞職に追い込み、芦田前総理をはじめ政府要人多数を起訴した昭和電工

事件、②元厚生大臣らを起訴した炭鉱国管事件、③佐藤栄作（当時、自由党幹事長）、池田勇人（当時、政調会長）を逮捕直前まで追い詰めた造船疑獄事件、④前運輸大臣を起訴した武州鉄道事件、⑤現職の内閣官房長官に捜査の手を延ばした吹原産業事件、そして、⑥ロッキード事件等々である。

検察は、ロッキード事件のはるか前に炭鉱国管事件で田中角栄を起訴していたし、昭和電工事件では福田赳夫も起訴していた。

保守本流の安定政権を形成することになった佐藤栄作、池田勇人の両名に対しても、造船疑獄事件では逮捕寸前まで肉薄していた（このケースでは、当時の首相・吉田茂の意を汲んだ法務大臣の指揮権発動によって、逮捕・起訴をかろうじて逃れた）。

検察は、これら、後に相次いで総理大臣となる保守党の大物政治家たちをことごとくターゲットにしてきたわけである。政治権力を突き崩そうとする検察権力の意図は明らかだろう。

†昭和電工事件で芦田内閣崩壊

昭和電工事件というのは、戦後の復興のための公的資金（復興金融金庫）から昭和電工に巨額の融資が流れる過程で出てきた政界官界汚職である。昭和電工社長の日野原節三が復興金融金庫（「復金」）の融資を獲得する過程で各方面に賄賂を贈っていたことから、次々と大きな汚職事件が連鎖的に発覚、摘発されていった。

直接の贈賄相手として、栗栖赳夫・経済安定本部長官（容疑当時の官職＝大蔵大臣）、西尾末広・副総理、福田赳夫・大蔵省主計局長（容疑当時＝銀行局長）などが、国会のもみ消し工作に関連して大野伴睦・衆議院議員などが、捜査の過程で派生的に発覚した二次的汚職で芦田均・総理大臣などが、次々に容疑者として浮かび上がり、捜査の対象となっていった。

東京地検では、まず、栗栖長官を逮捕、芦田総理が現職閣僚の逮捕に動揺するなか、さらに捜査は内閣中枢に迫り、副総理・西尾末広に容疑が向けられた。芦田内閣はこの時点で総辞職となったが、東京地検の追及はその後も止まらず、ついに前総理・芦田均を逮捕、芦田は小菅の東京拘置所に収監された。

逮捕者は六〇人に及び、起訴された者も四〇人を超える大疑獄事件だった。

贈賄側の日野原は、事件発覚後も拘置所の職員にまで賄賂を贈り続けるという徹底した「賄賂頼み」の人物で、政官界の高官を夜な夜な自分の愛人・芸者「秀駒」宅に招待して愛人らに接待させるなど、その御用商人的発想は徹底していた。

この事件では、芦田前総理自身は、逮捕前に法曹界出身の議員から「政界を引退すれば検察は逮捕を見合わせると言っている」と伝えられ、取調べに当たった検事から「政界を引退するつもりで（自白を）考えてみないか」などと言われたと抗弁している。そのため、芦田は、事件が自分にまで飛び火したのは、自分を政界から葬ろうとする検察の陰謀だったとしている。

†炭鉱国管事件で田中角栄を逮捕

炭鉱国管事件は、社会党連立内閣（首相・片山哲）の時の汚職で、片山内閣の炭鉱国家管理法案の成立に関して、法案に反対の勢力が贈賄工作を繰り広げた。

当時、片山内閣は、全国の炭鉱を国家管理に切り替えると宣言し、そのための法案成立に全力を挙げていた。連立政権の基盤のもろさから、それまで社会主義政権として掲げた政策が次々と計画倒れになる中、炭鉱国家管理を最後の社会主義的施策と位置づけて、内閣の最重要課題としていた。国家管理体制による石炭増産、エネルギー確保を目指したものである。

それまでは、石炭業界にも、例の「復金」から巨額の金が流れ込んでいて、復興融資の名目で特別の恩恵を受けていた。地方の炭鉱主の羽振りのよさは新聞などでもしばしば取り沙汰されるほどだった。それが急に国家管理になるというので、石炭業界では、とくに筑豊を擁する北九州の炭鉱主などが、慌てて、法案反対派の議員を中心に賄賂攻勢に出たのである。

検察が、まず逮捕したのは、田中角栄。当時の法務政務次官だった。

容疑は、炭鉱国家管理反対派だった田中が、田中土建の事務所で小切手一〇〇万円を受け取ったというもの。田中は、贈賄側の炭鉱主に対して、「反対派議員の会合の費用は全部自分が負担している」と話していた。検察は、この言動も暗に賄賂を要求したものとみなした。

田中角栄の逮捕を突破口にして、検察は、衆議院副議長・田中万逸《まんいつ》、前厚生大臣・竹田儀一に捜査の手を伸ばした。

最終的には、計一二名を贈収賄で起訴、そのうち、国会議員は、竹田、田中万逸、田中角栄を含む八名だった。

†造船疑獄――政治権力と正面衝突

造船疑獄事件は、吉田内閣の時に、検察と政財界が正面衝突した出来事である。

造船疑獄というのは、造船業界を優遇する利子補給法の成立に伴い、造船業界から政権与党に多額の献金が流れ、佐藤栄作、池田勇人といった有力政治家に金がばら撒かれた事件である。

もともと造船業界は、戦争で多くの船舶を失ったため、戦後復興の名のもとに優遇されて、低利の政府関係融資を受けてきた。ところが、朝鮮戦争による特需が去ると、造船業界は、さらに、その低利の利子の半分を引いてもらおうと考える。半分は税金から補給してもらおうという目論見で、結局のところ、その分は国民に負担させようというのである。

この利子補給法の成立をめぐって、巨額の献金、賄賂が授受されたのがわかって、大事件となった。造船業界を優遇するための利子補給法は、わずか二日の国会審議で簡単に成立してしまうが、その裏で、造船業界から、佐藤栄作・自由党幹事長、池田勇人・政調会長に各二〇〇万円、それに佐藤幹事長経由で自由党宛二〇〇〇万円が渡っていた疑いが浮上したのである。

この事件の捜査の端緒となったのは、一見何でもない約束手形の存在である。東京地検特捜部は、特捜部が情報源としていた「戦後三悪」(と評されていた人物)の一人、森脇将光の手元に山下汽船振り出しの手形があることに注目する。山下汽船のような一流会社の手形が、闇の金融王(と言われた)森脇のもとにある。ここに、汚職の匂いを嗅ぎつけた特捜部は、手形と金の流れを洗った。

その結果、山下汽船などから多額の不明金がある人物に浮き貸しされていることが判明、この浮き貸し容疑をもとに、特捜部は、山下汽船など汽船・海運会社一四社の一斉捜索に踏み切った。すると、政界への贈賄工作を示す山下汽船社長のメモや日記帳が発見された。

この時の検察の捜査は、まさに政財界の中枢に及び、戦後の保守政党と旧財閥を中心とする日本の支配構造を突き崩す勢いで進められた。

まず、贈賄側として財界トップが次々に逮捕されていった。山下汽船社長を皮切りに、三井船舶社長、三菱造船社長、石川島重工業社長など、三井、三菱の財閥系トップが相次いで逮捕された。この時の石川島重工業社長というのは土光敏夫で、のちに臨調・行革の星として国民的人気を得たこの人も、実は贈賄側の一人だった。そのほか、財界では、当時の日銀総裁にまで嫌疑は広がった。

†政治権力の指揮権発動

肝心の政界でも、東京地検特捜部がターゲットとしたのは、党三役、現職閣僚七名を含む一七名にのぼった。

そのうち、自由党副幹事長をはじめとする四名の国会議員をまず逮捕。捜査は、いよいよ与党中枢に迫り、東京地検特捜部では、佐藤栄作、池田勇人の二人を呼んで、数回にわたり取り調べをおこなった。この時の取り調べは、毎回、明け方まで及ぶもので、とくに、佐藤栄作に対しては、個人的に受け取った二〇〇万円だけでなく、自由党宛の二〇〇〇万円も、第三者収賄として佐藤への賄賂に当たる（第三者に賄賂を供与させて収賄する罪）とみての厳しい取り調べだった。

佐藤栄作の逮捕は吉田内閣の崩壊を意味する。それを承知の上で、検察内部は強硬論で固まっていき、とうとう、検事総長・佐藤藤佐《とうすけ》は、法務大臣に対して佐藤栄作の逮捕請訓の手続をおこなった。

追い詰められた佐藤栄作と総理大臣・吉田茂は、最後の手段に出る。逮捕の請訓の翌日、検事総長に対して、一通の文書が手渡された。吉田、佐藤の意を体した犬養健法務大臣から手渡された文書には、「逮捕を見合わせ、任意捜査すべし。この指示は検察庁法第一四条に基づくものである」と記載されていた。指揮権発動である。

指揮権発動は、検察に衝撃を与えたと言われている。検察関係者の間では、これにより検察は挫折したとも言われている。しかし、造船疑獄での検察捜査は、それ以上の衝撃と打撃を保守政党と財界に与えたはずである。検察権力を最高とみなし、最強であってほしいと考えるからこそ、挫折したということになるのであって、客観的に見れば、検察も万能ではないというだけのことである。

実際、検察当局は指揮権発動に対して簡単に引き下がったのではない。指揮権発動をあくまで不本意として、その後も水面下で捜査を継続、任意捜査で佐藤栄作をついに起訴にまで持ち込む。収賄容疑の捜査を指揮権で潰された検察は、執念で、政治資金規正法違反による起訴に持ち込んだのである。自由党宛の二〇〇〇万円などを第三者収賄ではなく、政治資金規正法違反に組み直して起訴し、あくまで佐藤を追撃、有罪にしようとした（それでも、なお、佐藤栄作に総理大臣への道が開けたのは、その政治資金規正法違反事件が、日本の国連加盟による大赦で免訴になったためである）。

造船疑獄で、検察は、妥協を排して政治権力に向かっていく強い意志を天下に示したのである。

†武州鉄道事件と検察捜査

武州鉄道事件というのは、青年実業家の新鉄道敷設の夢が、現職運輸大臣への贈収賄事件となり、鉄道も夢もはかなく消え去った出来事だった。

戦後、立川周辺のスクラップの払い下げで財を成した滝島総一郎は、三鷹と秩父を結ぶ新路線・武州鉄道の開業を夢見る。滝嶋は、まだ四〇歳そこそこ、それまで徒手空拳、裸一貫で築いた財産をすべてつぎ込み、公共性のある鉄道に自分の後半生をかけようというのである。

財界有力者の支援を取り付け、さかんに運輸省に働きかけるが、当時同地域には西武鉄道が西武池袋線の延長を申請していたため、その妨害に会ったりして、思うようにいかない。そこで、運輸大臣に直接賄賂を贈るしかないと思い至り、楢橋渡・運輸大臣に接近する。

楢橋は、弁護士資格を持つ法曹界ゆかりの議員だったが、あっさり誘いに応じ、五回にわたり二五〇〇万円近くを受け取ってしまう。その後、楢橋が運輸大臣を離任すると、これを待っていたかのように武州鉄道の免許が下りた。しかし、この経過は誰が見てもおかしい。

東京地検特捜部では、すでに鉄道免許が下りる前から内偵を進めていた。免許取得から二か月も経たないうちに滝嶋は逮捕され、ほどなく楢橋も逮捕となった。

この時に特捜部が見せた捜査のやり方は、検察の特徴的な一面を物語っている。それは、楢橋前大臣を逮捕するだけでなく、その妻も逮捕しているという点である。妻が現金を受け取っていたことから、収賄幇助ということにされて、逮捕されたのだ。

しかし、現実問題として、たまたま留守番をしていた妻が、その一存で金を突っ返すことなどできるわけはない。これは明らかに楢橋本人に揺さぶりをかけるための戦略と見られる。

これより前の昭和電工事件でも、検察は、接待の場となった料亭のおかみや日野原の愛人の身柄を取っていた。さらに、同事件では、前述のように、国会のもみ消し工作に関連して派生的に大野伴睦・衆議院議員の逮捕にも及んでいたが、京都の旅館での大野逮捕の際に「そういう人はいません」と言った旅館の仲居まで逮捕していたのである。

そして、それにも増して検察捜査の底の深さを窺わせるのが、このときの楢橋のコメントである。こうまでされても、楢橋は、「検察の取調べは厳正かつ公平だった」と釈放後に記者に述べている。弁護士資格を持つ者として、検察の力とその怖さをよくわかっていたのだろう。

†吹原産業事件で自民党総裁派閥に迫る

吹原産業事件は、「稀代の詐欺師」（と評された）吹原弘宣と「闇の金融王」（と呼ばれた）森脇将光が、三菱銀行から三〇億円を騙し取ろうとした事件である。これを、東京地検特捜部は、自民党総裁選に関わるものと見て捜査した。この三〇億円が自民党総裁選の買収資金ではないかという疑いで捜査したのである。

もともとは、これは、吹原が、預金の実態がまったくないのに三菱銀行から三〇億円の預金証書を詐取することに成功し、森脇に交付、預金証書を受け取った森脇が「預金」を引き出そうとして、三菱銀行が拒否したため、事件となったものである。

特捜部では、吹原とつながりがあった池田内閣の黒金泰美《くろがねやすみ》官房長官をターゲットにして捜査をおこなった。吹原が三菱銀行から三〇億円の預金証書を詐取するに当たって、黒金官房長官の念書と保証書が差し入れられていたからである。

また誰が考えても、そういった特別な事情もなしに、銀行が三〇億円もの預金証書を簡単に発行するはずがない。時期的にも、池田勇人、佐藤栄作が争った自民党総裁選の時に当たっており、特捜部では、池田派が資金調達に苦しんだ挙句にそれが失敗したのがこの事件ではないかという見立てをしていた。

結局、黒金官房長官の念書や保証書は、吹原、森脇の偽造ということで捜査は終わったが、きっかけさえあれば政権にまで肉薄しようという検察の意図は明らかだった。

†検察の威信をかけたロッキード事件

ロッキード事件は、検察のほうから組織の命運をかけてまで積極的に捜査をおこなった典型的なケースである。

これは、アメリカのロッキード社が自社の航空機の売り込みのために、丸紅の社長や専務などを介して、当時総理大臣の地位にあった田中角栄に現金五億円を贈るなどした事件である。海の向こうから、時の総理大臣の元に、一流企業の社長を「運び屋」代わりにしてダンボール入りの現ナマを届け、受け取る方もそれをそのまま手摑みにしてしまうという嘘のような事件だった。

もともと、この疑惑は、アメリカ上院の公聴会におけるロッキード社副会長のコーチャンの証言から明るみに出た。一九七六年二月、アメリカ上院は、コーチャン証言を受けて、ロ社が航空機売り込みのために裏帳簿を使い、日本ほか売り込み先の各国要人に対して巨額の賄賂工作をおこなったとの報告をまとめ、公表する。

もちろん、この時点では、田中角栄をはじめ政治家の名前ははっきりとは出ていなかったが、検察は汚職摘発に非常な意欲を見せる。アメリカ上院の公表後二〇日も経たないうちに、検事総長が「捜査開始宣言」をおこなった。

「いわゆるロッキード事件については、事柄の重要性にかんがみ、捜査を実施することにした。検察庁としては全力を挙げて努力する」との決意表明を出した。

検事総長がマスコミや国民に向けてこのような決意表明を出すのは、検察の歴史の中でも初めてのことである。何が何でも、海の向こうへ捜査を敢行しようというのである。

検察は、アメリカ側から秘密資料の提供を受け、総理大臣田中角栄に現金が渡っていた事実をつかむ。ここからは、狙いは田中角栄に完全に絞られた。

海外にまたがるこの事件では、当初からいくつもの法律上の困難な問題点があったが、検察は、次々にハードルを越えていく。

コーチャンらの嘱託尋問の請求の手続では、裁判所を説得してこれを認めさせる。尋問を回避しようとするコーチャン側に対しては、時の内閣、最高裁まで巻き込んで、日本側の刑事免責を与え、外堀を埋めていく。そして、アメリカ本土でコーチャン副会長、クラッター日本支社長の尋問を実現し、証言を得た。

一九七六年の真夏、検察は、ついに田中角栄を逮捕する。アメリカ上院のコーチャン証言から五か月後のことである。電光石火、一気呵成に走り、大勝負に完勝した。

†ロッキード事件にみる検察の闘争本能

ロッキード事件では、検察は、最初から汚職摘発に異様とも言えるほどの意欲を見せた。前述したように、アメリカ上院でロ社のコーチャン副会長の証言が出るや、すぐさま、検事総長が前代未聞の「捜査開始宣言」を天下に示したことに、その姿勢は現れている。

このとき、検察が異例の積極姿勢を示した背景には、それまでの数年間めぼしい汚職摘発の機会がなかったという事情がある。その間、長期安定の佐藤政権のもとで、財界から政治資金が黙っていても政権中枢に流れ込むという保守本流支配の構造が完成し、作用していたからである。

検察にとっては、ロッキード事件は、検察の力と威信を再び示す絶好の機会でもあったわけである。

しかし、実は、このとき、同時に検察には、数え切れないほどの困難なハードルがあった。

まず、コーチャンがアメリカで証言したのは刑事免責を得たからであって、自分が罪を問われても真相を明らかにするということではなかった。コーチャンには、そこまでのつもりは、さらさらなかったのだ。だから、日本側からの捜査要請に応じるという保証はまったくなかった。法律上の具体的な難問として、コーチャンから刑事免責を求められた場合、果たして対応できるかという問題があった。海外で、しかも免責を保証した尋問などが実施可能か、まったくもって不明であった。このような捜査ははじめてのことで前例がないし、日本ではそういうことを予想した法の規定もなかった。それに、証言の証拠能力も問題となる。たとえ尋問をおこなって証言を得たとしても、日本の裁判で証拠にできるかどうかも不明だった。この点も、国内法上規定がなかったのである。だいいち、当時は、このような国際協力を可能にする日米間の司法協定すら存在していなかった。

さらに、アメリカ上院からどれだけの資料を入手できるかという不安もあった。そもそも、上院の秘密資料が日本政界の中枢に及ぶような中身のものであるという保証もない。

何よりも苦しい選択になったのは、アメリカ側が、秘密資料の提供に関して条件を付けてきたことである。その条件というのは、「資料は捜査と公判のためだけに提供するものであり、不起訴になった場合は公表を認めない」というものだった。

「不起訴の場合は公表を認めない」ということになると、提供された資料が不十分で起訴できない場合、検察は苦境に立たされる。「精一杯やったが、この資料では起訴できなかった」という言い訳が通用しない。そういうふうに言うことすら封じられる。そうなった場合、「検察は政治権力に怖気づいた」という非難を甘んじて受けなければならない。国民の目には、そうとしか映らない。

その場合、検察はかつてないほどのダメージを受けるに違いない。

しかし、布施健・検事総長は、捜査開始宣言から二週間後、緊急の検察首脳会議を開いて「すべての責任は自分が負う。起訴できなかった場合、検察の威信は地に落ちるだろうが、そのときの再建は後進に任せる」と言い切った。賭けに出たのだ。アメリカから秘密資料の提供を受け、政界を直撃できるか、それとも検察が潰れるか、イチかバチかの勝負に出たのである。

それから一か月後、特捜部の係官がアメリカ上院から提供を受けた全資料を持ち帰った。

全文三〇〇〇ページを超える英文の資料。この中に宝があるか、それともクズだけか。苦渋の決断のすえ、苦労して取りに行ったものは、ゴミの山かもしれない。

はたして……「あった！」。その中に総理大臣・田中角栄に現金が渡ったことを示す書類があった。現金の流れを示すコーチャン直筆のメモ、その最後の行き先は「KAKUEI　TANAKA」の文字だった。

この事件で、検察は、ただ勝っただけではない。相手が政権与党だろうが最大派閥であろうがお構いなしに突き進んでいくという意志をまたしてもはっきりと示し、検察権力が最強であることを天下に誇示したのである（なお、上記メモは、検察は厳密な適格性に問題ありとして、有罪立証の証拠には使わなかった）。

†戦前は軍部をやり玉に

実は、戦前にも、ロッキード事件とよく似た事件があった。大正年間のシーメンス事件である。検察は、このときは、軍部に対して牙を剝いていた。

シーメンス事件は、ドイツのベルリン地裁における裁判が発端となっている。シーメンス社東京支社元従業員の社内機密文書持ち出しが裁かれたベルリン地裁の裁判で、機密文書中に、シ社が賄賂を贈った先に日本海軍軍人の名前があるとされたのだ。やはり海外から発したところの海軍汚職である。

当時、日本は、海軍出身の山本権兵衛内閣で、丁度、軍備拡張のための六ヵ年継続予算案を提出し、大海軍構想に向けて走り出していた時期にあった。時の検事総長は、後に総理大臣になった平沼騏一郎《きいちろう》であったが、はたして軍部全体を相手に検察がどの程度やれるか、疑問視する向きも多かった。

しかし、検察は、躊躇することなく突き進む。陸海軍を分断、有無を言わせず海軍中枢を叩いた。「これ以上やるなら叩き斬る」などと海軍士官が騒ぐなか、平沼検事総長自らが取り調べに同行するなどして逆に威圧し、現役海軍中将、少将らを軍法会議に起訴、捜査の手は、海軍大臣斎藤実にまで及んだ。

ここで、陸海軍の強固な基盤の上に立っていたはずの山本権兵衛内閣は総辞職となり、軍備増強予算も大海軍構想も露と消えた。

ベルリンにおける疑惑発覚から僅か二か月の間の出来事だった。

†法務大臣も血祭りに

法務大臣を直接捜査対象にした出来事もあった。

造船疑獄より前のことであるが、二重煙突事件と言われる騒動があった。

この騒動では、検察は、現職の法務大臣・大橋武夫に対して捜査を進め、国会で問題となるや、検事総長、東京高検検事長、東京地検検事正が国会に証人として出頭し、法務大臣が捜査対象になっていることを暴露した。

本来、検察は進行中の事件については公表しないのが慣例で、法律上も、「職務上の秘密」として証言を拒否できることになっている。それにもかかわらず、検察首脳の三人がそろいもそろって国会に出向いて行き、すすんで証言台に立って、疑惑があるとはっきり証言したのである。証言に立った東京地検検事正は「現職の法務総裁に対しても、検察は取り調べ権限を持つ。法務総裁・大橋武夫から直接事情聴取する必要がある」と明言している（なお、当時は、法務大臣は「法務総裁」と呼ばれていた）。

疑惑の対象になった二重煙突事件というのは、官庁から発注を受けた煙突の納入にまつわる不正疑惑で、大橋大臣はこの受注会社から顧問料や献金を受けていたことから問題とされた。このとき、国会の検事証言では、大臣の自動車の売買についても横領の疑いありとして問題視し、すでに時効となっている大橋の政治資金規正法違反まで云々している。

検察は、次の内閣改造で大橋が法務大臣を外れると、すぐさま大橋の事情聴取に踏み切った（結果、疑惑は認められなかったとして捜査は終息した。なお、現在では、二重煙突事件には最初から疑惑としての実態はなかったとみられている。大橋大臣は疑惑が取沙汰される直前に、検察幹部の意に沿わない法務省人事を強行していた)。

†裁判所はいつも腰砕け

では、裁判所はどうだったか。

昭和電工事件では、芦田均・前総理――無罪、西尾末広・前副総理――無罪、福田赳夫――無罪……、収賄側の政府関係者は、ほとんど無罪となっている。

炭鉱国管事件でも、竹田儀一・元厚生大臣――無罪、田中万逸・前衆議院副議長――無罪、田中角栄――無罪……。

いずれも、金を受け取ったことは認められているのに、職務権限や賄賂性の認識などの法律論で無罪とした。

判決文には、意外なことも書かれている。昭和電工事件では、福田赳夫が無罪となっていたが、その判決文の理由中には、福田赳夫は「清貧の士」であり、贈賄側の昭和電工社長とは、東大法学部の先輩、後輩の間柄で、「先輩が清貧の後輩に援助しただけ」となっていた。当時、福田は大蔵省の銀行局長だった。大蔵省の銀行局長が、なぜ、援助を受けないといけないのかは、まったく明らかにされていない。

炭鉱国管事件では、田中角栄が無罪となっている。金は受け取ったが、取引代金として受け取ったものだという田中側の主張をそのまま認めたのである。賄賂は、「田中土建の代金」とされた。

あのロッキード事件も、実は、裁判所は有罪判決を確定させていない。下級審（一審、二審）は、総理大臣だった田中が丸紅を介してロッキード社から五億円の賄賂を受け取ったと認定して実刑判決を下したが、最高裁は、判決を六年以上も引き延ばして刑の確定を先送りした。そして、田中の死亡を待ち、被告人死亡による公訴棄却を言い渡してしまったのである。

だから、田中の有罪は法的には確定していない。

最高裁は、田中有罪を意図的に回避したとしか思えない。そうでないと言うなら、六年間も何をやっていたのか。不当な意図的有罪回避でないなら、怠慢である。

日本の司法権力は政治権力に対しては、常にかくの如し。

だから、日本の司法権力は……。いや、もう、これ以上言う必要はないだろう。

第五章

「人質《ひとじち》司法《しほう》」の姑息

――罪を認めない限り身柄を拘束

†人質司法とは何か

日本の刑事裁判の有罪率は、九九パーセントを超えている（職業裁判官による官僚司法時代は、全体の有罪率は、一九八〇年以来、常に九九・八パーセントを超え、多くの年は九九・九パーセントを超えていた。そして、この状況は、裁判員制度が開始されてからも、あまり変わっていない。裁判員裁判の有罪率は、九九・六パーセントを上回っている）。

これは、最終的な有罪・無罪の判決比率であるが、裁判前に容疑者の身柄を取るかどうかという勾留《こうりゅう》の裁判の状況も同様で、勾留率（勾留決定が下る率）は、やはり九九パーセントを超えている。

勾留の裁判というのは、新聞・テレビなどで「拘置尋問《こうちじんもん》の手続」などと言われているものを指す。押送される被疑者の姿とともに報道されることが多い。

これは、逮捕された容疑者について、逮捕に引き続いて一〇日間身柄を取ることを認めるかどうかの判断である。容疑者が逮捕された場合、逮捕の効力として、捜査当局は二日間だけは身柄を取ることができる。その後、引き続いて身柄を取るためには、裁判所の勾留の裁判が必要になる。そこで決定をもらわなければならないわけである。

裁判官は、検察官から上がってきた請求（「勾留請求」）を添付の捜査記録を見て検討し、被疑者と相対して直接尋問したうえで（「勾留質問」）、身柄を取るかどうかを決定する（「勾留」決定 or「勾留却下」決定）。一人の裁判官が一日当たり（時間にして二時間弱）に処理する勾留の裁判の件数は、一〇〜二〇件程度になる。

勾留決定を得た場合、その期間中の捜査は警察主体でおこなわれる（検察自らが捜査に当たるのは前章で出てきた政界汚職事件などに限られ、一般事件では検察の役割は監督的機能にとどまる）。

もともと、勾留に関する法の規定は、捜査活動に対して司法的チェックを及ぼそうという趣旨である。刑事訴訟法には「罪証隠滅のおそれ」や「逃亡のおそれ」という勾留の法律要件が規定されているが、その審理を通じて、裁判所が捜査機関に対して適切な抑制をかけることを期待している。

それが勾留率九九パーセント超では、フリーパスである。法の趣旨自体が裁判官によって曲げられ、完全に無に帰している。

この事実は、有罪・無罪に関する有罪率の高さ以上に深刻である。

有罪率が九九パーセントを超えているのは、捜査当局によれば、検察が間違いなく有罪を見込める事件に限って起訴している結果であるという。検察がそれほど国民の権利・自由に対して慎重な扱いをしているかどうかは知らないが、日本の検察は負けることを極端に嫌うから、そういう面も、たしかにあるだろう。

しかし、勾留率については、最終的な有罪・無罪の問題ではなく、その途中の段階において捜査活動に対してどれだけ司法的チェックをかけるかという次元だから、根本的に異なる。日本の捜査当局は優秀だから司法的チェックをかけなくてよいとは言えない。「優秀」な捜査機関は、国民の権利・自由に対して保護的であるなどとは言えないからである（むしろ、ボンクラでなければ、傾向としては隙をついての効果的権力行使となり、侵害的になる道理である）。

勾留率九九パーセント超という現象は、異常というほかない。

では、勾留率九九パーセント超などという異常現象が、なぜ生ずるのか。それは、司法囚人という囚われ人が権力を行使しているからである。まさに、その証しである。それ以外には説明のしようがない。

前にも出てきたように、戦後日本の刑事法学の権威・平野龍一博士は、日本の刑事裁判の現状を「絶望的」と評したが、まさに、そうとしか言いようがない状況である。

†法を次々に無視する裁判官

どうしてそういうことになるのか、以下、自分自身のことも含め、裁判官の内面まで立ち入って、振り返ってみたい。

勾留の裁判については、法によれば、当の容疑者に「罪証隠滅のおそれ」または「逃亡のおそれ」がなければ、身柄を取る決定はできないことになっている。

「罪証隠滅のおそれ」とは、容疑者が証拠（物的証拠、人的証拠）を隠ぺいし、滅却し、変形し、ねつ造するおそれのことであるが、典型的には、容疑者が関係者と口裏合わせをしたり、被害者に面会して圧力をかけたりする行為が念頭に置かれている。公権力のもとに身柄を取っておかないと、そのような行為に出るおそれがあることを指し、その場合には、身柄を拘束できるという趣旨である。

ところが、この「罪証隠滅のおそれ」は、厳密に考えると、そう簡単には認められない。たとえば、酔って家路に帰る途中で警察官に職務質問され、その職質の態度に腹を立て、警察官の顔を手拳で殴ったとする。そして現行犯逮捕されたとすれば、これは「公務執行妨害罪及び傷害罪」であり、その罪責はほぼ明らかであるとともに、世間的にはかなり重い。

この場合、「罪証隠滅のおそれ」ありと言えるか。

たとえ、容疑者が「罪証隠滅」しようとしても、現行犯逮捕されてすでに警察のもとに証拠が保全されてしまっている。関係者への働きかけという点にしても、しらふに戻った容疑者が、「被害者」たる警察官のところへ威圧しに行くとも思えない。

だから、裁判官に任官した当初は、このような事例に対してさえ、勾留の決定をすることに少なからぬ抵抗を覚える。私自身そうだったし、おそらく、ほとんどの人は同じ思いをしたはずである。神経質に考えると、法（刑事訴訟法）の建前に反するのである。いや、「素直に考えると」と言うべきかもしれない。

いかに裁判所がパノプティコンであり、規律権力を作用させるといっても、はじめて裁判所パノプティコンに入った者にとって、勾留率九九パーセントを超える「裁判実務」に対する違和感がないということは、逆にあり得ない。何しろ、それは法に反する感覚にほかならないのだから。

しかし、それも、最初のうちだけである。二、三か月もすれば、内面に大転換が起きる。その転換は、裁判実務をこなすうちに勾留される容疑者の実態がわかり、検察や警察の事件処理の全体がわかってくることもあるだろうが、やはり、根本的には、規律権力の内面化である。

裁判実務に対する当初の抵抗感や法の規定とのずれに対する苛立ちは、ある時点で、理屈抜きに「勾留しなければならない」「勾留したい」という感情に転換する――それが一定の葛藤を経た後のことであるにせよ。

そこでは、何が起きているのか。

†権力の内面化のプロセス

裁判所パノプティコンの中に置かれた者の内では、視線に対する苛立ち、抵抗感、転覆、破壊の欲動と、権力に対する同化の願望が同時に働いている。前者を抑圧することは自己欺瞞ではある。が、自我の安定性を保ち、アイデンティティーを保つためには、転覆・破壊の欲動を抑えて同化の願望に身を委ねるしかない。

ちょうど、フロイトの言う「社会規範の内面化としての超エゴ」と同じである。フロイトは、エディプス・コンプレックスを普遍化して、個人や集団の発達過程を説明したが、本質的なモーメントとして、父親的権威に対する殺意と、それに相反する両面感情としての同一化願望を挙げている。そのようなアンビバレンツと葛藤の関門を通過することによって、その結果、個人の性格が決定されるとみなした。

同じように、裁判官の権力的性格も決定されるのかもしれない。

その葛藤の末に、権力を内面化する主体の中に生ずるのは、自己解体であると同時に自己解放でもあり得る。何と言っても、権力に対する同化は、力の感情を伴う未知の感覚である。明かし得ぬものが明かされ、来たるべきものが到来したと感じたとしてもおかしくない。主体内に生起する感覚は昇華であり、反対の欲動を抑圧したという意識さえあまりない。

もう一つの側面では、罪の意識にかかわる葛藤がある。戒律の一つに「裁くことなかれ」とあるように、裁きには原罪の感覚が伴う。「汝らのうち罪なき者のみ、石を投げよ」とキリストから問いかけられているわけである。にもかかわらず、敢えて裁き、石を投げるのであれば、忸怩たる思いにもなるし、恐れや慄きも感じないわけにはいかない。

それを真摯に受け止めれば受け止めるほど、心は禁忌に（触れること）に近づく。つまり、裁くことは気分的にはタブー侵犯を伴う。そして、すでに、タブーを犯した身にとっては、法の趣旨を犯すことも、さして抵抗がなくなるわけである。むしろ、禁忌侵犯と法の侵犯は、侵犯の感覚のもとに合一化する。

いったん、こうなると、先の「公務執行妨害罪及び傷害罪」のケースなど、迷うまでもなく、一〇日間の勾留決定である。もはや、「罪証隠滅のおそれ」など、どうにでもできる。

しらふに戻った容疑者が当の警察官のところへ威圧しに行くとは言えないかもしれない。そう強弁することは恥ずかしくてできないにしても、職務質問を受けて公務執行妨害に及ぶ前には、容疑者は飲酒していたではないか。その飲食店に口裏合わせに行くかもしれない。いったい、何を口裏合わせするのか。飲酒量について口裏合わせするかもしれない。それにどのような意味があるのか。飲酒量を過大に言って、「酔っぱらっていたので何も覚えていない」と主張し出すかもしれない。さらには、「病的酩酊状態で責任能力がなかった」と言い出すかもしれない。いや、言い出すのだ。

では、飲酒していなかったケースはどうなるか。その場合は、「罪証隠滅のおそれ」では勾留しにくいが、もう一つの法律要件、「逃亡のおそれ」があるではないか。もう、こうなったら、容疑者が若者で独身なら、それで「逃亡のおそれあり」である。結婚して子供がいたとしても、家が持ち家でなくアパートなら、「逃亡のおそれあり」である。一家の生活があるのに逃亡するか――いや、一家で逃亡するのだ！

そして、ここから先は、もはや、一切の歯止めがなくなる。

容疑が「公務執行妨害罪及び傷害罪」よりずっと軽いものでも、同じである。万引き窃盗の初犯であろうが、交通事故の業務上過失致死傷であろうが、一〇日間の勾留決定である。独身なら「逃亡のおそれあり」、持ち家でなければ「逃亡のおそれあり」である。逆に、そうしなければ論理一貫しない。

こうして、誰もが、裁判所パノプティコンの住人になる。勾留される容疑者とともに、裁判官自身も司法囚人という囚われの身となるのである。

犯行を認めない限り身柄を拘束

日本の刑事司法が「絶望的」と言われるのは、有罪率や勾留率の高さだけではない。上記のような勾留率の実情に加えて、日本では、犯行を認めているか、それとも身の潔白を主張しているかで区別し、身の潔白を主張している場合を不利益に扱うということが公然とおこなわれている。それが確固たる裁判実務となっている。

勾留するかどうか、保釈するかどうかの判断に当たって、犯行を認めていない場合は、認めている場合よりも不利に扱うのである。

もっとも、勾留率は前述のように九九パーセント超であるから、どちらにせよ、この違いが現れる余地さえ、はじめからない。保釈の場合に、違いが現れるのである（保釈は起訴後の身柄をどうするかという事柄。保釈率は一五パーセント程度ある）。

すなわち、犯行を認めていないと、保釈の判断においても、例の「罪証隠滅のおそれ」ありとされることが多い。犯行を認めずに身の潔白を主張しているならば、認めている場合に比べて、罪証隠滅の意欲があるというわけである。

これは、明らかに、犯行を認めさせる方向に事態を誘引しようという考えである。また、身の潔白を主張する意欲を削ごうとする無力化効果を狙ったものでもある。

保釈が効かないということは、最後まで（裁判が終わるまで）身柄を拘束されっぱなしということにほかならない。

このような状況を含め、身柄拘束に関する日本の司法の在り方は、人質司法と言われる。なぜ、かかる姑息とも陰険とも卑劣とも言うべき裁判実務がおこなわれているのか。それは、規律権力の作用によって、日本の裁判官が権力を内面化させられているからである。そうとしか言いようがない。

なお、前記のとおり、勾留は、逮捕にひき続いて身柄を取るかどうかの場面であり、起訴前の身柄拘束のことであるが、保釈は、起訴された後に当人の身柄をどうするかという事柄で、両者は時的場面が異なる。上記のように、その率も違ってくる（細かくは次のとおり。①勾留は一〇日間の身柄拘束であるが、もう一度延長して二〇日間とすることができる。②その間に、検察は警察に指示して捜査を終え、容疑者を起訴するか、起訴できない場合は釈放しなければならない。③起訴された後は、身柄拘束は一応続くが、すでに捜査は終わっているはずであるから、その必要性は相対的に低下している。そこで、保釈が一定程度認められなければならない）。

†自白のルールも踏みにじる

さらに言えば、日本の刑事裁判の「絶望的」な特徴は、人質司法だけではない。人質司法は、自白の扱いや代用監獄問題と密接につながっている。そして、これらが渾然一体となって暗黒的な刑事司法を作り出している。だから、それは、刑事法学の権威からさえも「絶望的」と言われるのである。

市民の自由との関係で、捜査に対して法が認めた最も重要な原則は、「自白の強要は許さない」というルールである。この規則の内実は、法によれば、次のような裁判上の手続で実現されることになっている。

自白の審理は、自白の任意性と信用性の二段階に分けておこなわれる。自白の任意性とは、捜査側に自白の強要があったかどうかと同義である（任意＝自発的＝強要なし）。もし、任意性がない場合には、そこで自白を証拠から排除しなければならない。つまり、自白の強要があったことが判明すれば、その時点で自白の審理を打ち切り、自白を証拠として認めないことになっている。それがルールである。

言い換えれば、自白の中身をダイレクトに検討するのではなくて、敢えて、その前に関門が設けられている。第一関門の自白の任意性に対して、第二段階の自白の信用性とは、自白内容が真実であるかどうかということであるが（信用性＝信憑性＝真実性）、任意性がない場合には、その審理をおこなわない。

これを別の角度から見れば、真実の自白であっても、自白を証拠として認めないことがあり得るということである（第一関門で排除された自白の中には、真実の自白も含まれているかもしれないから）。結局、その限度では、真犯人を逃してもやむを得ないというにほかならない。

つまり、この規則は真相や真実発見を超えた価値であり、一つの思想であり、理念である。「自白の強要は許さない」というルールは、たとえ、真犯人を逃すとも侵すべからざる公の価値、すなわち、基本的人権であることを意味する。

まさに、自白の任意性の保障は、警察権力に対して市民の抵抗を可能ならしめる、ほとんど唯一の有効な手段である。

ところが、この市民的自由の防波堤ともいうべき自白の任意性について、裁判所の審理は、実に背信的なものに転落している。その実態は、次のようになっている。

すなわち、取り調べに当たった捜査官が「強要などしていない」と法廷で言えば、それで簡単に任意性を認めてしまう。自白を強要されたという被告人の言い分が顧みられることはまずない。被告人の言い分が顧みられるのは、取り調べ中に怪我をしているとか自殺を図ったなど、極端な場合に限られる。

もとより、取り調べに当たった捜査官が自白を強要したなどと述べるわけはない。なぜ、このような茶番がおこなわれているのか。

よく言われるのは、「裁判官が捜査官に対して仲間意識を持っているからだ」などということである。が、権力批判として正鵠を射ていない。

†茶番と化す裁判

自白の強要が問題になるのは、ほとんどが（検察ではなく）警察の取り調べであるが、裁判官と警察官の間には、いかなる意味でも仲間意識はない。刑事裁判官には、警察官と接触する機会さえない。逮捕状、捜索令状などの審査はすべて書面審査である。だから、警察官をかばっているというのは――そういうことが絶対にないとまで言う必要もないが――本質的要因ではない。

では、真の理由は何か。

そこでは、警察権力と容疑者個人とを敢えて法的密室関係に置きたいという意識（あるいは無意識）が働いている。フーコーによれば、規律権力の作用する場を特徴づけるのは、外部との仕切り、隔たり、不透明さなどである。規律権力を及ぼすためには閉鎖性が不可欠である。

裁判所パノプティコンの住人は、取り調べをめぐる警察と容疑者個人との関係も閉鎖性の中に置きたいのである。その状態に法的にことさら波風立てず、蓋をしておきたいのである。それが司法囚人という囚われ人の偽らざる心理である。

この心理は、取り調べの全面可視化をめぐる昨今の議論を見てもわかる。取り調べの全面可視化とは、取り調べの様子をすべて録音・録画して、取り調べ過程を可視化し、透明化することを指す。もし、裁判所が、自白の任意性の審査を合理化し、人権侵害の有無を真に見極めようとするなら、取り調べの全面可視化を強く求めないはずはない。

それをしないのは、取り調べられる人間を透明性のもとへ救い出すのではなく、閉鎖性の中に置きたいからである。自分たちと同じように。

この場合の規律権力の作用は、単なる「仲間意識」などでは言い尽せない複雑意識である。

†代用監獄は日本型権力の象徴

日本の司法に固有の問題に、代用監獄制度がある。

代用監獄というのは、次のような制度である。

本来であれば、警察における取り調べの間（前述の「勾留」の期間）も、容疑者の身柄は警察署内ではなく、拘置所に置かれなければならない。しかし、現実には、日本では、ほとんどの容疑者は警察署内（に付随する留置場）に身柄が置かれる。一般の感覚でも、なぜ警察が容疑者の身柄を取ったのではいけないのか、訝《いぶか》しく思うほどかもしれない。

それほど代用監獄問題は国民意識を暗々裏に蝕み、深刻化しているとも言えるが、それはともかく、容疑者の身柄を警察が管理することは、近代司法の一つのタブーとさえ言える。先進国ではどこでも、権力の行使の仕方としてあり得ないこととされていて、そのため、国際社会では、日本の現状は国際人権規約違反と指弾されている（国際人権連盟来日調査団報告書など）。

代用監獄制度は、近代司法の理念を曲げて、拘置所の代わりに警察署で容疑者を勾留するものである。日本の刑事収容施設法には、警察署の留置場で代用が可能とする規定があるが、この規定を根拠に、裁判所が、ほとんど常に、前出の勾留の裁判で勾留場所を代用監獄たる警察署に指定することで成り立っている制度である。

勾留される場所が留置場か拘置所かによって、どのような違いが生ずるか。

留置場は、言うまでもなく警察の所管だが、拘置所は法務省の所管である。警察留置場の場合、食事時間、運動時間、入浴時間、就寝時間などについて恣意的な取り扱いがおこなわれ得るが、拘置所では規則的で一定している。

一番の違いは、警察留置場の場合、取り調べをおこなう権力組織のもとに身柄を置かれることである。取り調べをおこなう側が二四時間四六時中、取り調べの客体を監視下に置くことになる。これは、警察から独立した拘置所に身柄を置かれる場合と大きく異なる。権力に身柄を拘束される点では同じだが、そこには見逃し得ない違いがある。

代用監獄は「法の支配」ではなくて「人の支配」を許す前近代的制度であると批判されている。取り調べをおこなう側が取り調べ対象を支配することで、自白の強要や虚偽自白(真犯人でない者が自白すること)の温床になっていると言われる。取り調べ時間も不当に長くなりがちだと非難される。

これに対して、捜査側は、警察署内で捜査と留置業務の分離(取り調べに当たる警察官と拘禁・管理業務に当たる警察官の分離)体制が取られているから実質的に問題はないと反論している。また、警察では留置場の設備や待遇を改善してきており、「容疑者の中には拘置所よりも留置場を希望する者がいるほどだ」などとも言っている。

†複合的パノプティコンの仕組み

本書の観点から言えば、第一に、それは、警察権力のもとで一つのパノプティコンを成り立たせる仕組みにほかならない。同じ密室でも、「別の場所」である拘置所では規律権力は作用しない。閉鎖性が必要なのは、規律権力を及ぼすためである。ただ密室に閉じ込めただけでは、パノプティコンではない。別系統に閉じ込めても、規律権力の作用は働かない。拘置所に閉じ込めるだけでは不十分なのである。

第二に、そこでは、前述の裁判所パノプティコンの住人の複雑意識が作用している。もともと、刑事収容施設法の代用規定は、拘置所の数が十分でない時代に、それに対応するために例外的暫定的に設けられた旧監獄法の規定を引き継いだものである。代用監獄の実態は、裁判官が勾留の裁判で勾留場所を代用監獄に指定することで、はじめて成り立つ。代用監獄を最終的に成り立たせているのは、裁判官の権力の行使である。

ここでも、裁判所パノプティコンの住人は、いかにしても、警察権力と個人とを密室関係に置きたいのである。司法囚人という囚われ人は、個人が警察権力の囚われ人になることを欲する。

だから、代用監獄問題は、警察署内部で捜査と留置業務の分離体制が取られても、権力論としては少しも解決にならない。また、たとえ、警察留置場の設備や待遇が拘置所より改善されたとしても意味をなさない。権力論として、どちらが快適かなどという事柄は意味がない。

それは、一つのパノプティコンを成り立たせようとする警察権力の試みであり、裁判所パノプティコンの住人が自己同調的に権力行使をすることによってそれを成り立たせているところの、複合的パノプティコンにほかならない。

第六章

ごまかしの司法判断

――不公正な裁判の法理、崩れゆく人権の砦

†第三権力と治安維持

市民の自由と治安維持の要請とは、原理的に衝突を免れない。

イギリスの法諺《ほうげん》に「十人の真犯人を逃すとも、一人の無辜《むこ》（無実の者）を罰するなかれ」というのがある。これは、一般的には、市民の自由を尊重する刑事裁判の格言と理解されている。

しかし、その逆説条件部分「十人の真犯人を逃すとも……」が「五十人の真犯人」「百人の真犯人」と言われることはない。言い換えれば、五十人、百人、五百人、千人……と罰するうちには、一人ぐらいは無実の者を罰してもやむを得ないという治安維持的考慮が含意されている。

すなわち、市民が権力からの自由を貫徹しようとするとき、それは治安維持の要請とは絶対的に相容れないのである。

そのため、規律権力は、何よりもまず、治安維持的考慮を要請する。個々の裁判官に対して、国民の自由よりも治安維持的考慮に比重をかけるよう仕向ける。

そうなると、「刑事裁判は証拠による」とか「証拠の評価は裁判官の自由な判断による」などと言ってみたところで、半ば虚しいことになる。その証拠判断には、常に規律権力からの負荷がかかっている。また、自由心証主義といっても、それは、規律権力からの治安維持的考慮という負荷がかけられたうえでの「自由な」心証であり、判断にすぎない。
では、かかる職業裁判官の性格は、どのような裁判現象に現れてくるか。

†職業裁判官の論理と病理

職業裁判官の典型的な裁判論理を取り上げ、一見スタンダードとも思えるその考え方のうちに、しかし市民の自由という観点から見た場合、見逃し得ない病理が含まれていることを見る。

一九八〇年代の事件に、杉並の看護学生殺し事件というのがあった。

アパートで一人暮らしの若い女性が自室で血まみれの暴行惨殺死体となって発見された猟奇的殺人事件だったが、現場指紋や遺留体液など客観的証拠はそろっていた。ところが、その裁判では、被告人は、婦女暴行の犯人であることは認め、そのうえで自分は殺人犯ではないと申し立てた。その夜に被害者のアパートの部屋に侵入したこと、被害者に婦女暴行を働いたことは認めたが、殺人は関係ないという言い分だった。つまり、ほかに殺人犯がいるというわけである（「二重犯罪の抗弁」）。

裁判の結果はどうだったかと言うと、この件は、動かぬ証拠を突きつけられた婦女暴行殺人犯が苦し紛れに言い出したことにすぎないとみなされ、無期懲役の判決が言い渡された。

もし、このような言い分を認めると、多くの婦女暴行殺人犯が同じような開き直りを始めるにちがいない。治安維持的考慮の規律化を受けた職業裁判官としては、絶対に認めることができない抗弁だった。

ここまでは、まだよい。問題は、その次である。このような考え方をどこまで拡張してよいかである。

もう一つ、やはり一九八〇年に起きた事件で、鶴見事件というのがある。

神奈川県の鶴見の街中で金融業を営む年配の男性とその妻が、事務所奥の部屋で血を流して死んでいるのが発見された。発見されたのは昼過ぎのことで、被害者は、その日の午前中に銀行から一二〇〇万円を引き出していたことが口座記録などから判明した。が、被害者宅には、それと見られる現金はなかった。

被害者夫婦は、ある男から資金融資を頼まれていて、当日の午前一一時ころには、その男が融資の件で訪ねてくる予定が入っていた。

警察は、この男を犯人として逮捕した。男は、当時、自分が経営する電気工事店の資金繰りに困っていて、融資を受けるために、当日の午前一一時ころに被害者宅を訪れたことを認めた。ただし、訪れた時には、夫妻はすでに血を流して死んでいて、自分はビニール袋に入った現金一二〇〇万円を見つけて出来心で取ってしまった、盗みをして逃げただけだと弁解した。自分の事業が苦しかったので、つい魔が差したと述べた。

裁判で示された見方は、電気工事店を営む男が、虚偽の融資話(申し込み)で被害者の金融業者に大金を用意させ、そのうえで、当日夫婦を殺害して現金を奪って逃げたにほかならないというものだった。裁判所は、やはり、強盗殺人犯が苦し紛れの言い訳をしているにすぎないとみなした。そして、死刑を言い渡した。

もし、このような抗弁を認めれば、多くの強盗殺人犯が窃盗犯の言い逃れをし始めるにちがいない――規律権力の作用を内面化した裁判官からすれば、ここでも、当然、そういう見方になるわけである。

そこでは、被告人が第一発見者である可能性が顧みられることはない。

たまたま殺人事件の現場を訪ねて第一発見者となり、つい目にした大金を持って去ってしまったら……そういう立場の市民はどうなるのか。死刑にされてしまうのか。そういった疑問は、裁判所パノプティコンでは顧みられない。

†市民裁判の倫理と精神

では、規律権力の作用を受けないとしたら、どのような司法権の行使になるのか。裁判所パノプティコンの住人でない市民が、この種の問題を裁いたとしたら、どうなるのか。

実は、裁判員制度のもとで、そのような裁判員裁判がすでにおこなわれている。二〇〇九年に起きた鹿児島の高齢者夫婦強盗殺人事件である。

九一歳と八七歳の高齢者夫婦が自宅で顔面をスコップで多数回（合計百回以上）殴りつけられて惨殺されていた事件で、犯人として起訴されたのは七〇歳の男性だった。この事件では、現場の残留体組織のＤＮＡ型が被告人のそれと一致しており、被告人の指紋も検出されていた。

しかし、裁判員裁判の結論は無罪だった。二重犯罪の可能性を認めたのである。

判決では、被告人が被害者宅に侵入して物色したことは、認定していた。けれども、被告人がおこなったのはそこまでで、別の殺害犯がいる可能性が否定できないとした（鹿児島地裁平成二二年一二月一〇日判決）。

この鹿児島の裁判員裁判は、これまでの治安維持の重しを突き破り、市民の新しい考え方を示したものと言える。

この事件の判決によれば、百回以上スコップを振り回して殴打するという殺害行為自体、怨恨を思わせるものがあり、七〇歳の被告人では体力的にも無理があって、犯人像が合っていないという。殺害に用いられたスコップからは被告人の指紋や体組織片は発見されていないから、殺人に関する限り、被告人の関与は証明されていないとした。

もともと、DNA鑑定や現場指紋は、「その場にいた」ことを示す証拠である（「現場存在証明」）。そこで何をしたかを示すものではない。また、現場存在証明としてみた場合、その場所的存在性は厳密であるが、時間的存在性については、厳密さは十分でない。犯行時刻に、そこにいたことを示すわけではない。せいぜい、犯行時刻に近接した時間帯にそこにいたことを示すだけである（採取された体組織の状態や指紋の皮脂状態など、検体の状態によっては、それさえ疑問となる）。

言い換えれば、DNA鑑定や現場指紋には、時間的な限界がある。規律権力の影響を受けない「さらの目」で見た場合は、当然そうなる。

それを正面から取り上げたのが鹿児島の事件の裁判員裁判だった。

そして、それこそは、従来の職業裁判官制度では、治安維持的考慮から目をつぶってきた事柄だった。

†権力化は裁判の法理にまで及ぶ

治安維持的考慮への規律化は、裁判の法理論自体にも及ぶ。

たとえば、日本の裁判では、殺人罪の成否を決める殺意について、その認定にまつわる特殊な法理がある。殺意の有無に関しては、被告人の言い分を無視して殺意を擬制するような法理がまかり通っている。

すなわち、「殺傷能力ある凶器で身体の枢要部に対して攻撃が加えられた場合は、殺意あり」との原則が立てられ、その「身体の枢要部」とは、手足以外を指すと勝手に決められている。

もともと、殺意とは、行為者の内心の心理状態のことである。市民社会の一般通念として、また、日常用語的意味において、そのように理解されているのみならず、法学の世界でも同じである。刑法学では、殺意は「死の結果を招来することに対する認識・認容」と定義されている。

つまりは、日本の裁判所でおこなわれている上記の法理は、欺瞞であり、意図的な変形であり、すなわち、裁判所パノプティコンの作用にほかならない。

かかる法理が正当か不当かを問うているのではない。それを問うまでもなく、権力論としては、そこに、裁判所パノプティコンの作用が間違いなく認められるということである。

もう一つ、例を挙げる。財産犯に関して、「近接所持の法理」というものがある。

これは、主として窃盗事件について、犯人を同定するために用いられる法理である。日本の裁判では、被害発生と近接した日時・場所において盗品を所持している者は、窃盗犯人とみなすという原則が立てられている。そして、疑いをかけられた者がそれなりの弁明をしても(「拾得した」「買い受けた」「もらい受けた」「借用した」など)、不合理な弁解とみなして排斥するという基本的思考法が取られている(なお、これは英米法でもほぼ同じ)。

要するに、所持物について満足に説明できない人物を犯人とみなすための法理である。そして、「近接した日時」とは、被害発生から数時間程度ではなく、日本の場合、数日程度にまで広げられている。

ここでも、かかる法理の当・不当を言うのではない。権力論として、裁判所パノプティコンの存在を示す傍証として取り上げたのである。

結果的には、かかる法理がなくとも、多くの場合、同じ結論になるかもしれない。しかし、権力論として見た場合、ことさら「近接所持の法理」なるものが存在する背景が問題視されなければならない。そこに規律権力の存在がたしかにあるということである。

†冤罪を主張する者には厳罰

さらに、より重大な別の面でも、相当にいかがわしい判断の仕組みがある。それは、自白・否認の別と量刑（＝刑の軽重の決定）の枠組みである。日本の裁判では、犯罪事実を争った場合は、認めた場合よりも刑が重くされる。事実（犯罪行為）自体は同じだとしても、被告人が裁判でそれを認めたかどうかで、量刑を差別化し、争った場合は、刑を重くする。

ここで、事実を争った場合とは、いかなる事態を意味するかと言えば、無罪を主張することであり、当人が冤罪を訴える場合にほかならない。すなわち、冤罪を主張した場合には刑を重くするのが、日本の司法である。

それが端的にわかる例を一つ取り上げる。

同じ年に一審判決が言い渡された二つの両親殺し事件がある。市原・両親殺害事件と川崎・両親殺害事件である。

前者は、県内有数の進学校を卒業後、家業を手伝いながら演劇活動などをしていた二二歳の若者が、自分が付き合っていた女性（風俗関係の仕事をしていた）のことを親から悪しざまに言われ、瞬間的に逆上、我を忘れて、その場（居間）にあったナイフで両親を刺殺したケースだった。この事件は、映画『青春の殺人者』（主演、水谷豊）のモデルとなったことで知られる。

後者は、都内の私立進学校を卒業後、自宅で浪人生活を送っていた二〇歳の若者が、親の金を盗んで隠れて飲酒しているところを見つかって叱責され、その場は説教されて終わったものの、憤懣を抑えられず、自室でさらに飲酒しながら両親が就寝するのを待ち、真夜中に金属バットを持ち出してふた親を撲殺したケースだった。この事件は、『金属バット事件』として世に喧伝された。

この二つの事件は、いずれも一九八四年に第一審判決が言い渡されたが、前者は死刑（千葉地裁昭和五九年三月一五日判決）、後者は懲役一三年（横浜地裁川崎支部昭和五九年四月二五日判決）だった。

なぜ、そこまでの差が出るのかと言うと、前者の事件の被告人（「青春の殺人者」）は冤罪を主張して争っていたが、後者の事件の被告人（「金属バット浪人生」）は、はじめから罪を認めて争わなかったからである。

結局、この二つの事件では、それぞれの刑が確定したが（「青春の殺人者」は控訴、上告したが、死刑は変わらず、現在、死刑囚として執行待ち。「金属バット浪人生」は一審で確定、二〇年ほど前に出所済み）、冤罪を主張したかしなかったかで、それほどまでに刑の違いをつけるのが日本の司法権力である。

すでに前章で、罪を認めない限り身柄を拘束する人質司法についてみたが、この場合も、同じ意図に基づくことは明らかだろう。

いずれも、犯行を認めさせる方向に事態を誘引しようという考えである。また、身の潔白を主張する意欲を削ごうとする無力化効果を狙ったものである。

このような発想は、まさに、裁判所パノプティコンの住人、「司法囚人」ならではと言える。

†いかがわしい法理で抵抗を抑圧

法律上の理屈としては、次のように言われる。

事実を認めた場合は「反省の情あり」、争った場合は「反省の情なし」、「反省の有無の点で刑の軽重を設ける」と。

が、かかる形式論理が恥ずかしげもなく持ち出されていること自体、逆に、「裁判所パノプティコン」と「司法囚人」の存在を如実に示している。

いかがわしい形式論理で死刑にして恥じない、その心性こそが問われる。その背後にあるものが問われなければならない。

†「法律機械」「歯車」としての裁判官

ここまでは、基本的に言って、「裁判所パノプティコン」と「司法囚人」の問題である。

これからは、少しニュアンスを異にする問題領域を取り上げる。司法囚人というより、テクノクラートとしての裁判官についてである。

これまで「司法囚人」、「司法囚人」と言ってきたが、裁判官の少しは違う面も取り上げなければ公平ではない。以下は、そのような面において生じる問題点である。

法廷と裁判の場は、どうしても、終末論的な「最後の審判」あるいは「最高法廷」のアナロジーの色彩を持つ。裁判官とは、そのような裁判の場で、「真実」を語らざるを得ない存在である。他面、裁判官とは、一の国家官僚（司法官僚）であり、テクノクラートであって、（法律）技術者である。

ニーチェによれば、真理とは「ある種の生物がそれなしには生存し得ない誤謬」のこととされるが、その伝で言えば、裁判官とは、さしずめ、法廷という場でその意味における「真理」を語ることを職業とする技術者と言えるだろう。

司法権力の場では、真実や真理といえども、戦略的意味を持ち、規律権力の道具としての機能を持つ。これは、すでに触れた（権力化が裁判の法理にまで及んでいることを見た）。

ここでは、そのような規律権力のダイレクトな作用とは、また別に、テクノクラートとしての裁判官が職業的に生み出す現象について見ていく。

裁判官は無理にでも真実を語らざるを得ないために、その権力の行使には不可避的な無理圧状《おうじょう》が生じている。

すなわち、半ば必然的に、官僚的な歯車性、機械性によって、数々の疑似根拠や誤謬論理を生み出す。そして、それらは、「真実」の名のもとに国民に強制されることになる。

以下では、職業裁判官が、「法律機械」として、法廷の場で生み出す疑似根拠や誤謬論理を取り上げる。

†絶対的真実主義のドグマ

先ほど、「自白・否認の別と量刑の関係」について、その欺瞞的取り扱いを瞥見した。ここでは、それをさらに突き詰める。

日本の刑事裁判では、犯罪事実を争った場合は、認めた場合よりも刑が重くされる。つまり、当人が冤罪を訴えた場合には刑を重くするのが日本の司法であり、その根拠は、「素直に認めた場合→反省の情あり」、「冤罪などと言って争った場合→反省の情なし」との理屈である。

かかる取り扱いは、それ自体、相当にいかがわしいものであるが、少なくとも、その論理が成り立つためには、一〇〇パーセント有罪で間違いないと裁判官が確信していなければならない。

裁判官が有罪・無罪の事実認定に絶対の自信をもっていることを大前提とする。裁判官が、有罪の事実認定に絶対の自信をもっているからこそ、「事実に相違して争った↓反省の情なし」となるわけである。

ところが、個々の裁判官にしてみれば、内心、自信がない場合もある。その場合どうなるかと言うと、それでも同じ取り扱いをする。事実認定に内心自信がない場合でさえも、なお、冤罪を訴えた者を不利益に扱い、その刑を重くするのである。

これは、とにもかくにも有罪の判断に至った場合に、その自分の判断が絶対的に正しいという前提に立たざるを得ないためである。職業としての裁判官は、それを所与の前提として、次のステップの量刑論を進めて行くほかない。それ以外の可能性は――個々の裁判官がどう思おうと――司法権力が許さない。

その一つ前の自分の判断がもしかしたら違うかもしれないという可能性は、ここではまったく排除され、圧殺される。司法権力の場には、かかる絶対的真実主義のフィクション(擬制)がある。

職業としての裁判官は、国家の歯車として活動するから、自分の判断であっても、もしかしたら違うと考えて行動することができない。テクノクラートとしていったん出した判断は、司法権力の行使にほかならず、それはもはや個人の判断ではないから、判断した自分自身もそれを疑うことができなくなる。

司法権力と職業裁判官のテクノクラートとしての性格から、必然的にそうなるのである。裁判官は内心は自信がなくとも、あるいは迷いに迷った挙句の判断であろうと、それを絶対的な真実とみなさなければならない。

マックス・ヴェーバーの言う「官僚の無謬性」であり、組織の歯車の自縄自縛である。もとより、有罪・無罪の事実認定は「絶対的真実」ではなく、「暫定真実」にすぎない。現象と時制（「過去—現在—未来」時制）の関係性の中で、犯罪行為の有無が過去の事実に属し、現在の証拠によっても過去の事実が完全には再現できないことは、何人も否定し得ない事柄である。

それがどうしたことか、日本の裁判では、当の裁判官自身は自信がなくとも、いわば司法権力の魔術的呪縛の結果、絶対的真実が措定されてしまっているのである。そして、その上に「犯罪事実を争った場合は、認めた場合よりも刑を重くする」という形式論理が乗っかり、最終的に、冤罪のおそれがあるケースに厳罰を科す転倒が生じている（その実例については、次章で触れる)。

これは、奇怪極まる権力の行使と言うほかない。

†乾坤一擲の心性

かかる官僚的歪みは、いま取り上げた事柄に限らない。

自白についての判断は、迷宮に入り込み、誤謬論理や疑似根拠を生みやすい。

自白の審理については、すでに出てきた。主に、自白の任意性を論じた。

ここでは、自白の信用性を取り上げる。自白の信用性とは、いわゆる信憑性のことで、結局は、自白内容の真実性のことである。自白の判断は二段階に分けておこなわれることは前に述べたが、その第二段階の審査になる。

つまり、自白の信用性の判断とは、自白が真か偽かの二者択一にして、最終的な判断である。

言い換えれば、この場面の権力の行使は、「自白は真＝自白者は犯人」の等式の枠組みの中で展開される。そのため、自白はあくまで証拠の一つにすぎないはずなのに、自白の真偽を見定めること、それ自体が目的であるかのようになる。つまり、一種、トートロジー的な言説となる。どうしても直感的、恣意的になりやすく、安定性を欠き、賭け的要素が出てきがちである。

具体例として、二〇一一年に再審無罪となって話題を呼んだ布川《ふかわ》事件がある。布川事件とは、次のような事件だった。

茨城県北相馬郡利根町の布川で一人暮らしの初老の男性が陋屋《ろうおく》で殺されているのが、訪ねてきた知人によって発見された。男性の首には下着が巻きつけられており、死因は絞殺による窒息死だった。

近くで不審な二人組を見かけたとの目撃情報があり、警察は、地元の若者二人を別件で逮捕、取り調べの結果、二人は強盗殺人を自白したとされた。

裁判では、二人は強要されて自白したと訴えたが、結果は、一審から最高裁まで有罪で無期懲役が確定した。

その後、再審で二人に対して無罪判決が出たが、それは事件から四四年後のことだった。

この事件では、有罪方向の客観的証拠はほとんどなかった。現場から検出された指紋は容疑者二人の指紋に合致せず、採取された毛髪も同様だった。

布川事件の特徴は、ほとんど客観的証拠がないのに、一審から最高裁まで自白そのものに依拠して鉄火裁判的に有罪と断じていたことにある。たとえば、最高裁の判決は「自ら体験したのでなければ到底供述しえないことを整然と具体的に首尾一貫して供述している」「取り調べ開始後極めて早い時期に自白したことは、その自白が任意になされたことを推認させる」などとしていた。

これは、あたかも自己が絶対的権力者であるかのような傲岸不遜な振る舞いとも言えるが、それ以上に、司法権力のなせるわざである。司法権力は裁判官に真相を見極めることを強いる（個々の裁判官が真相を見極められないケースが多くなればなるほど、それは司法権の機能不全を意味するからである）。それゆえ、裁判官には、無理にでも乾坤一擲の勝負に出るという一般的傾向が生ずる。

刑事裁判には、「疑わしきは罰せず」という鉄則があるが、実際、裁判官の心性からすれば、「疑わしきは罰せず」に頼ることは、自己の能力限界を露呈することであり、恥にほかならない。

そのため、危険を承知で乾坤一擲の賭けに出て、失敗することが間々見られるわけである。布川事件のように、「石が浮かび、木の葉が沈む」現象を生み出す。

†疑心暗鬼を生む呪縛

無理やりに真実を語ろうとする裁判官の言説に、「証拠外推論」なるものがある。

いかなるものかと言うと、いま出てきた布川事件にも、その具体例が含まれている。

この事件では、被害者（初老の男性）が陋屋で殺害されていたが、その家では便所の窓の桟が一部欠けていた。家屋の裏手には便所があったが、その窓の横木が二本ほどなかった。

これを前出の最高裁判決は、被告人（冤罪者）たちの罪証隠滅行為とみた。便所の窓から出入りしたように見せかけるための工作の跡とみなした。被告人たちは勝手口から侵入し、その罪跡をくらます目的で、便所の窓から出入りしたように偽装工作したのだとした。その根拠として、被告人たちは、侵入前に近所の者に姿を見られたので、かかる偽装工作をする必要があったのだという（なお、布川事件では前述のように、近くで不審な二人組を見かけたとの目撃情報があった）。

真実を語ろうとするあまり、証拠外の事柄を持ちだしてストーリーを補い、辻褄合わせをしているわけである。そして、その結果、真実とはほど遠いところに転落している。ここにも、前とはまた一味違った意味で、司法権力の魔術的呪縛が垣間見える。

かかる手法は、それが誤謬論理であり疑似根拠であるという以前に、本来、証拠に基づくべき裁判において、邪道に走っていることは明らかである。が、（司法権力に）呪われた裁判官の場合、「幽霊の正体見たり、枯尾花」となってしまうのである。

超能力者でもないのに、裁判官は透視しようとする。司法権力の呪縛は、裁判官に見えないものを見させる。

次に、さらにひどい証拠外推論の例を挙げる。

†肩透かしの技法

二〇一二年に再審が決定されて、やはり大きな話題となった事件に東電ＯＬ殺害事件がある。そのあらましと裁判経過は、次のようなものだった。

東京渋谷のアパートの一室で東京電力の総合職ＯＬが死体で見つかった。アパートの管理人が施錠されていない空き室を覗いて発見したものだったが、女性が行方不明になってから一〇日ほどが経過していた。被害者の東電ＯＬは、会社の業務を終えた後、連日、渋谷界隈で夜の女として仕事をしていた。

この事件では、被害者の所持金と定期入れがなくなっていたが、定期入れは、巣鴨の民家の庭に投げ入れられているのが後に発見された。

警察は、女性の死体発見現場の隣のビルに住んでいたネパール人を強盗殺人容疑で逮捕した。現場のアパート空き室内には密封状態の体液が残されていて、ＤＮＡ鑑定の結果、ネパール人のＤＮＡ型と一致していた。また、現場から採取された体毛の一本についても、ＤＮＡ型がネパール人と一致した。他方、現場から採取された体毛のうちには、ＤＮＡ鑑定の結果、別人を示すものもあった。

犯人とされたネパール人は、裁判では、自分が被害者の客であったことや別の日に被害者と情交関係を持ったことは認めたが、犯行日当日は会っていないと訴えた。

一審の東京地裁は、現場から別のDNA型の体毛が出ていること、部屋が施錠されていなかったこと、被害品の定期入れの遺棄場所（巣鴨）がネパール人とつながらないことなどから、第三者による犯行の可能性も否定できないとして、無罪を宣言した。

しかし、二審の東京高裁は、逆転有罪とし、無期懲役の判決を言い渡した。最高裁も二審と同じ判断で、ネパール人の無期懲役が確定した。

ところが、重大な新事実が二〇一一年七月になって公表された。ネパール人は判決確定後も冤罪を訴えて再審請求をおこない、それを受けて東京高裁では、被害者の体内に残っていた微量体液についてDNA鑑定を実施させていた。公表されたその結果は、ネパール人のDNA型とは異なるというものだった。しかも、そのDNA型は、もう一人の体毛の主と一致していた。現場から採取されたネパール人とは別人の体毛のDNA型と同じだった。

被害者の体内に残っていた微量の体液は、当時の鑑定技術ではDNA鑑定が難しく、その後の鑑定技術の進歩によって鑑定可能となったものだった。

二〇一二年六月、東京高裁でついに再審開始の決定が出て、刑の執行停止の措置が取られた。収監されていたネパール人は帰国の途に就き、大きなニュースとなった。

ここで問題としたいのは、逆転有罪を言い渡した東京高裁の「証拠外推論」である。この事件では、そのときすでに、現場から採取された別人の体毛の存在がわかっていた。ところが、これについて二審の東京高裁判決は、そのアパートの部屋は掃除が行き届いていない状態だったから異とするに足りないとした。それだけで片づけていたのである。

裁判官のおこなう「透視」は、「幽霊の正体見たり、枯尾花」程度では済んでいないのである。「運は天にあり、ぼた餅は棚にあり」ぐらいは、平気で言ってのけることがわかるだろう。もう一つ、その傍証を挙げる。

†最後は牽強付会

二〇一〇年に最高裁で死刑判決が破棄された事件に大阪母子殺害放火事件がある。これも、法曹界では大きな話題となった出来事だった。そのあらましと裁判経過は、次のようなものだった。

この事件で被告人とされたのは、被害者母子の義父にして義理の祖父に当たる人物だった。若いころから警察官として働き、途中で刑務官に転じ、刑務官生活およそ二〇年の実直な硬すぎるほどに硬い人物だった。

この刑務官の家庭は、結婚相手は再婚、相手には連れ子がいた。連れ子の男の子は七歳から育てていた。刑務官とは養子縁組もしていた。その子は長じて結婚して独立、子供も生まれた。その妻になった女性と生まれた子供が被害者母子に当たる。

刑務官の義理の息子は事業に手を出し、多額の債務を背負い込み、債権者に追われるようになった。その妻子、つまり後に被害者となる母子は、刑務官夫妻の家庭に引き取られた。だが、その後、母子は刑務官夫妻に黙って家を出た。

結局、母子は債権者から逃げる夫とともに、ビジネスホテルなどを転々とする生活を送る。まだ一歳の幼子とともに、数か月このような生活を続け、やっと平野区のマンションを見つけてそこに身を隠した。

それから少しして、母子の落ち着き先のマンションが火事になる。火元は母子の部屋で、駆けつけた消防隊員は、母と子の死体を発見する。焼死ではなく、母親は首に紐が巻きつけられた絞殺死体で発見され、幼児は風呂場の浴槽で溺死していた。そして、母親の遺体の下半身は下着姿にさせられていた。

この事件で、犯人として逮捕された刑務官は、「自分はやっていない」と否認を貫いた。

しかし、裁判所は、平野区のマンションの階段踊り場（の缶の灰皿）から押収されたタバコの吸殻（付着唾液）のＤＮＡ鑑定の結果や付近の目撃者の証言、被害者の死亡時刻に関する法医学鑑定の結果などから、その時刻に刑務官がマンション内に立ち入って殺人や放火を敢行したものと認定した。

犯行の動機としては、刑務官が同居時から義理の息子の嫁に対して性的関係を迫っていたとし、これが遠因となって何らかの感情を爆発させたとした。

そのうえで、一審の大阪地裁は、刑務官に対して無期懲役を言い渡した。その後、二審の大阪高裁も有罪判決で、そのうえ、一審の無期懲役は軽すぎるとして死刑が言い渡された。

しかし、二〇一〇年四月、最高裁は、二審の死刑判決を破棄し、差し戻しをおこなった。それは、

①マンションの階段踊り場から押収された吸殻は吸い口が茶色く変色しており、時間を経た吸殻とみられること

②刑務官が母子を引き取って同居していた時には、刑務官は被害者と携帯用灰皿を共用していたこと

③被害者が刑務官宅を出てマンションに入居した後に、その携帯用灰皿内の吸い殻をマンションの階段踊り場の缶の灰皿に移し捨てた可能性があること

などを重視したのである。その後、差し戻し審で無罪判決が出た。

ここで問題としたいのは、有罪を言い渡していた一審、二審の「証拠外推論」である。すなわち、上記①〜③についてどう判断していたかと言うと、上記①の点については、吸殻の吸い口が茶色く変色していたのは唾液のためであるとみなし、③の点については、携帯用灰皿内の吸い殻は自室内のごみ箱に捨てると思われるなどとしていた。

証拠を離れた裁判官の勝手な思い込みや一般論で死刑とされたのではたまらない。だから、およそ、「証拠外推論」は、誤謬論理や疑似根拠であるとみなければならない。

日本の司法権力は、「疑似真理の権力」であり、虚偽意識というイデオロギーの塊りなのである。

第七章

苦悩する法の番人たち

――ニッポン名（迷？）裁判官列伝

†第三権力の臨界

本書の司法権力批判は、表現は激烈かもしれないが、そこには裁判所や裁判官を実際以上に悪く言おうとする意図はまったくない。私の場合、裁判官在官中に受けた厚遇や配慮に感謝こそすれ、司法当局に対して何の不満もルサンチマンもないのだから。内容的には、「ためにする」批判を避け、また、イデオロギーから離れて、できる限り客観的に分析と批判をしてきたつもりである。

本書も終わりに近づいてきたところで、日本の裁判官の良い面を取り上げることにする。戦後裁判史に現われた第三権力の最善の現象を拾い出す。

逆に言えば、どう贔屓目に見ても、以下に述べることが第三権力に望み得る最大であり、それ以上は期待するだけ無駄ということである。

もし、読者が裁判所や裁判官に対してそれ以上のイメージを持っていたとすれば、その一切は幻想にすぎない。

†無罪と思いつつ死刑判決を書いた裁判官

公式に冤罪と認められたわけではないが、いまだに冤罪が疑われている死刑確定事件に、袴田《はかまだ》事件というのがある。

この事件の第一審で主任裁判官として死刑判決を書いたのは、熊本典道という人だったが、熊本は事件から四〇年以上も経った二〇〇七年になって、自分の判断は間違っていたと懺悔した。

当時の判断は半ば無罪ではないかと迷いながらの苦悩の末の決断だったこと、今では冤罪と考えていること、判決言い渡しから現在まで四〇年間苦しみ続けたことなどを告白し、死刑囚となった被告人の家族に詫びた（二〇〇七年三月九日衆議院議員会館「死刑廃止推進議員連盟勉強会」における記者会見）。

そこには、裁判官の宿命と限界が垣間見える。

†司法のトップ・エリートの大いなる挫折

袴田事件というのは、静岡県清水の味噌製造会社の専務一家四人が惨殺されて家屋が放火された出来事で、事件から一か月半後、専務宅の向かいにある味噌製造会社社屋に住み込みで働いていた袴田巌が犯人として逮捕された。袴田は、元日本ランカーのプロボクサーだったが（日本プロボクシング協会「日本フェザー級ランキング6位」）、勾留期限切れの直前になって一家四人殺しを自白したとされた。

裁判では、自白の強要を訴えたものの、結果は、一審から最高裁まで死刑判決だった。死刑確定後も、袴田は冤罪を訴え、再審請求を二度おこなっている。二度目は、現在審理中である。

この事件では、有罪を認めた裁判においても、四五通あった自白調書のうち、四四通までが不当な強要によるものとして証拠排除されていて、袴田に対する取り調べに少なからず問題があったことは否定しがたい。

熊本裁判官は、当時、左陪席裁判官だった。合議体制の三人の裁判官（裁判長、右陪席裁判官、左陪席裁判官）のうち、左陪席は最も経験年数が少ない若手になる。が、実は、その左陪席が、ほとんど常に合議事件の主任裁判官となる。そして、判決は主任裁判官が書く。それが慣例になっている。

裁判長や右陪席裁判官は、判決起案を見て、気になるところを直すだけである。

なぜ、第三権力にとってそれで十分なのか。それは、事前に裁判所パノプティコンの作用が働いているからである。左陪席裁判官は、誰に言われるともなく、自動的に権力適合的な判決を書く。そして、普通は、それで何も感じない。

熊本裁判官は、良心的であったために、そこに欺瞞を感じ、四〇年間それを引きずり、ついに懺悔の告白をすることになった。

逆に言えば、いかに熊本裁判官のように良心的な裁判官であっても、裁判所内にいる限り、このような歪んだ判断を下さざるを得ないのである。敢えてそうせざるを得ないのは、裁判所パノプティコンの呪縛がそれほどに強力だからである。

熊本典道裁判官は、司法試験には現役トップ合格した逸材で、裁判所内部でも大いに将来を嘱望されていたが、袴田事件を機に裁判官を退官し、その後は弁護士としてもほとんど活動することなく、その能力とキャリアを棒に振った。現在は、生活保護を受けているとと伝えられている。

熊本は良心的であったがゆえに、「司法囚人」になり切れなかった。代わりに、あたかも必然のように転落への道をたどったわけである。

†財田川事件と矢野裁判長

財田川事件は、すでに出てきた。第三章で、死刑冤罪事件として紹介した。香川県の財田村（琴平の奥の山間の村）で起きた強盗殺人事件で、粗末な一軒家に一人で暮らしていた老人（男性）が殺されて現金が奪われた事件だった。

この事件の冤罪者Tは、当時まだ一九歳で、つまり、これは異例の少年死刑冤罪事件だったが、他の点でも異例ずくめだった。当時は強盗殺人など凶悪な殺人事件では被害者一名でも死刑になることがあったが、とはいえ、被告人が少年で、被害者一名で死刑というのは例外的である。冤罪の点のみならず量刑判断の点でも異例だった。

そして、この事件が冤罪と判明した発端も、きわめて異例だった。奇跡的とも言える特別な出来事があった。

少年Tは、一審から最高裁まですべて死刑判決を受け、確定。死刑執行待ちとなったが、藁にもすがる思いで、潔白を訴える手紙を一審の裁判長宛てに出していた。裁判長のポストは、二〜三年ごとに変わる。新しく赴任した裁判長に向けて、裁判をやり直してほしいと訴えていた。

何人かの裁判長が交代するうち、一人の裁判長が、その手紙に目をとめる。目をとめたのは、矢野伊吉である。矢野は、個人的に事件を再調査してみた。最初は、「念のため」と思って調べてみただけだったが、独自調査をするうちに、冤罪を直感する。

死刑囚からの「手紙」は、正式の申立書とはみられないようなものだったが、葛藤の末、それを法的に有効な再審請求とみなして、再審を開始することを決意した。ところが、矢野裁判長は、再審決定を出せなかった。他の二人の陪席裁判官が反対したからである。「裁判官独立」の原則のもと、たとえ裁判長であっても、二人の陪席裁判官が反対する以上、自分が考える決定を出す余地はない。

そのとき、矢野が取った行動とは……。

†少年死刑囚救出劇の舞台裏

この事件では、自白の強要の疑いもさることながら、少年の家から押収された物証の評価にも問題があった（押収されたズボンには血痕が付着していたが、少年の兄のものだった疑いがあった）。矢野は、これらを見抜いた。

とは言え、Tが死刑執行の恐怖の中で、当時の地裁の裁判長宛てに出していた手紙は、矢野が、偶然、見つけ出すまでは、私信扱いで裁判長の机の中にそのまま何年も放置されていたのも事実である。いくら、法律上は、このような手紙に調査を促す効力はないとはいえ、それを黙殺して平気なのは、「裁判所パノプティコン」の「司法囚人」ならではと言えるだろう。

それはともかく、手紙をきっかけに、少年冤罪死刑囚の救出劇が開始されることになったわけであるが、救出劇は、簡単には進まなかった。矢野裁判長は、再審開始のための合議に敗れた。そのままでは、いたずらに坐して時を過ごすしかない。

再審を開始させるために、矢野は、裁判官を辞めた。そして、死刑囚の弁護人になった。それから実際に再審開始＝無罪が勝ち取られるまでにも、一〇年以上の歳月を要した。

が、その間、冤罪死刑囚の少年T（いや、もう中年Tだった）は、安定した境地で過ごせたと述懐している。Tは言う――「矢野先生の声は、まさに天の声だった。いずれ、そうなるに違いないと確信できた」と。

ひとり死刑執行の恐怖に脅えていたTにすれば、矢野の行動は「来るべき救い」を確信させるに十分だったのだろう。

矢野自身は、Tに再審で無罪の判決が出る直前に、この世を去った。

この事件でTの冤罪が晴れたのは、事件から三四年後のことだった（Tはすでに五三歳になっていた）。

再審＝無罪までに気の遠くなるような時間がかかるのは、何もこの件に限ったことではないが、この事件の場合は、矢野が弁護人に就く前までにも長年月が流れており、再審の申し立てがかかっていない期間だけでも一一年を数えた。これだけの年月、何も動きがなければ、その間に死刑が執行されてしまうのが通常であるが、この事件で死刑が執行されなかったのには特別な舞台裏があった。

死刑の執行命令は法務大臣が下すが、そのためには、一件記録（捜査記録、公判記録）がすべて整っていなければならない。そうでないと、検察では法務大臣に執行命令の起案（死刑執行起案書）を上げることができない。ところが、この事件では、その記録が、いつの間にか、なくなっていたのである。

なぜなくなっていたのかは、はっきりしないが、この件を取り巻くいろいろな周辺事情から推すと、冤罪ではないかと気づいた事件の担当検察官が、死刑が執行されないように一件記録を隠し持っていたのではないかと現在ではみられている。

財田川事件は、こうやって、奇跡的に生まれた「死刑台からの救出劇」だった。

このケースでは、冤罪者は、たまたま、そういう担当検察官や矢野のような裁判官にめぐり合ったからよかったものの、かかる奇跡でも起きない限り、冤罪でも絞首刑になって終わるわけである。ほかに、どれだけ、そういう例があるか知れない。

†弘前大学教授夫人殺害事件と豊川裁判長

弘前大学教授夫人殺害事件は、同大学の医学部教授夫人が自宅で刺殺された事件だったが、犯人とされた青年がまったくの冤罪だったことで知られる。

その青年に有罪判決が確定した後、真犯人が名乗り出たからである。当の青年は、もちろん、潔白を訴えていたが、仙台高裁、最高裁はこれを認めず、懲役一五年の有罪判決を言い渡し、確定させていた。真犯人が名乗り出て、青年の冤罪が晴れたのは、服役を済ませた後のことだった（すでに初老の年齢になっていた）。

ところが、この事件の裁判では、実は、一審の青森地裁弘前支部だけは無罪判決を出していた。一審で事件を担当した豊川博雅裁判長は、深刻な冤罪のおそれを感じていたのである。が、その判決には、理由が一行しか書かれていなかった。そのため、「裁判官失格」の烙印を押された。

当時の新聞談話が残っているが、それによれば「われわれは迷った」となっていた。判決理由が一行しか書けなかったのは、有罪方向の証拠が相当にそろっていたためであるが、この経緯は、裁判員時代の「裁き」の在り方に、逆説的な示唆を与えるかのようでもある。

真夏の夜の夢

まだ戦後の混乱も収まり切らないころ、本州の最北青森県の弘前で、真夏の夜に、弘前大学医学部教授夫人が、深夜、寝室に侵入してきた何者かに短刀様のもので首を刺されて殺されるという事件が起きた。この日は、夫の教授は出張で留守だった。

被害者は教授夫人とはいっても、まだ三〇歳という若さ。そのうえ、大変な美貌の持ち主だった。そのため、単純殺人であるにもかかわらず、猟奇的色彩を帯びた事件として報道された。

被害者の家庭は、いろいろな面できわめて恵まれていて、夫のほうも、精悍な風貌の、三〇代の異例の若さの医学部教授だった。夫婦は、少し前に、夫の弘前大学への赴任に伴い、杜の都・仙台から弘前城下の屋敷町に移ってきたばかりだった。

教授一家の住む弘前市の屋敷町周辺は騒然となった。

被害者の家のすぐ近くに、Nという青年が家族とともに住んでいた。N青年は、この事件が起きて、持ち前の好奇心をいたく刺激される。Nは、もともと推理小説や刑事モノが大好きな若者だった。それに、将来は警察官を志望していて、実際に、以前には臨時で警察関係の仕事をしていたこともあった。そういうこともあって、自分が刑事にでもなったつもりで、この事件の情報を集め、犯人探しをし始めた。Nの見立てによれば、自分の家の隣には弘前大学のインターンが下宿しており、どうもこいつが怪しい。被害者は首を一刺しされて絶命しているが、これは鋭利な刃物の扱いに慣れた者の仕業に違いなく、用いられたのはメスではないか。インターンの下宿と被害者宅とは、距離的にも目と鼻の先である。そういうことを友人の家を回っては、得意げにしゃべっていた。

さらに、それだけでは飽き足らず、独自にこの事件を調査して、警察に協力することを思い立つ。警察が付近の血痕を調べているのを知って、血痕らしきものがないか、隣町まで出かけて行って「捜索」をおこなうことにした。隣町をくまなく調べあげ、それらしきものを発見したと言っては、警察に届け出たりもした。そして、この「捜索」の結果を踏まえ、隣町にまたがるほど広範囲に血痕が落ちているとすれば、下手人は自分の手を誤って傷つけているのではないかという推理を立てる。Nは、この推理に基づいて、手に包帯をした不審人物を見かけた人はいないかなどと、知り合いに聞き込みまでし始めた。

しかし、これは、警察から見ると実に怪しげな行動である。実地の捜査の教訓の一つに、「捜査を自分から逸らそうとしている者を疑え」ということがある。このNの言動は、そういう目から見ると、捜査の矛先を隣町や「手を怪我した者」に向けようとする作為的なものにしか映らない。

さらに、N青年は、つい調子に乗って、「家人に気づかれないように寝室に忍び込むのは簡単だ。畳の合わせ目を踏んで歩けば物音がしない」などと友人に話したり、実際にそれを実演して見せたりしていた。こういうことも、警察の耳に入っていた。

それだけではない。実は、これより以前にも疑いをかけられるような出来事が、本人の知らないところですでに起こっていたのである。

事件発生の翌日、警察ではすぐさま警察犬を使っての追跡調査を試みていた。犯人が踏みつけた跡のある被害者宅付近の下草に警察犬の鼻をこすりつけ、「行け」と命じて犯人の痕跡を追わせた。すると、あたりを嗅ぎながら動き出した警察犬は、Nの家の前でピタりと止まった。止まって動かない。もう一度、同じことをおこなった。また、N家の前で止まった。そして動かなかった。

†目撃者「卒倒するほど似ています」

警察は、事件から二週間後、Nを逮捕する。

事件当日の夜、Nは家にいた。

しかし、取り調べでアリバイについて、そう言ったところ、Nの両親や兄弟は「家にいたように思うが、ハッキリはわからない」と正直すぎる答えを刑事にしてしまう。裏取りの結果を刑事から聞かされてみると、Nにも自信がなくなってしまった。「向かいの家で将棋を指していたかもしれない」、「友人と映画を見に行っていたかもしれない」などと曖昧な記憶を次々に述べ立てたが、刑事が裏取りしてみると、すべて別の日のことで、違っていたことが判明してしまう。

「アリバイがないだけでなく、虚偽のアリバイを申し立てている。これはおかしい」、警察から見ると、当然こういうことになってしまう。

警察の疑いを決定的にしたのは、目撃者の面通しの結果である。この事件では、直接の目撃者がいた。被害者の実母が犯人の顔を見ていたのだ。

当日は、被害者の母親がたまたま遊びに来ていて、被害者と一緒に同じ部屋でやすんでいたのである。Nを面通しした結果は、犯人に間違いないというものだった。「逃げていく犯人を見ただけですが、横顔を見ています。そのときの強烈な印象は忘れようがありません。卒倒するほど似ています」と述べた。

さらに、もう一人。当夜、たまたま被害者宅の前を通りかかった女性がいて、この人も不審な人物を目撃していた。中学の教諭をしているというその目撃者も、一目見て、「非常に似ています。とくに、なで肩の細面の雰囲気などとてもよく似ています」と述べた。さらに、取調室で歩かせられたNを見て「内股気味に歩くところなど、あの日、被害者の家の周りをウロついていた人物にそっくりです」と証言した。

加えて、警察では、物的証拠も得た。Nの家から押収した白い開襟シャツを鑑定に廻した結果、人血と見られる血痕が付着していて、それが被害者の血液型と一致することが判明したのである。これは、公安委員をしている地元医師と東北大学医学部法医学教室の共通の鑑定意見だった。

証拠は揃った。被疑者は頑強に犯行を否認していて自白は取れないが、証拠は十分である。検察は、Nを殺人罪で起訴した。

†「踏んだり蹴ったり」の鑑定と死刑求刑

公判では、さなきだに、Nを打ちのめす展開が続いた。

まず、客観的証拠について、Nの自宅から白い開襟シャツが押収されていて、人血とみられる血痕が付着し、それが被害者の血液型と一致するという二つの鑑定結果が出ていたことは前述したが、さらに、東大医学部法医学教室の鑑定意見が加わった。

その鑑定では、シャツの血痕は九八・五パーセントの確率で被害者の血液に間違いないとされていた。

鑑定書を書いたのは、日本の法医学界の最高権威で、血液鑑定では国際的な名声を得ていた古畑種基博士（東大教授、文化勲章受章）だった。古畑博士は、当時、アメリカのモルガンやドイツのベルンスタインと並ぶ血液研究の世界のトップで、裁判でも、その権威は絶対的とされていた。

次に、検察官は、弘前大学学長で精神医学者のM博士の鑑定書を証拠として提出した。

N青年は、捜査中にM博士の面接を受けていた。何のためか、よくわからないままに弘前大学学長のM博士と面談させられ、様々な質問に答えさせられていた。Nは、すべて素直に答えたつもりだった。

検察官がその「鑑定書」を読み上げる。

「被告人は、表面は温順、快活を装っているが、その実、極めて狡猾、陰険な一種の性格破綻者である。女性に対しても、表面的には無関心を装っているが、強い残忍性、サディズムの変態性向を有しているとみられる。分裂的傾向、二重人格的傾向は、いずれも相当に顕著で、これらは変質的傾向とみて差し支えないものである。要するに、一言でいえば、被告人は、猫をかぶった変態性欲者である」

たった一度の面接で、ここまで決めつけてしまう精神鑑定というのも珍しい。

しかし、Nへの仕打ちは、まだ終わっていなかった。

公判の最終段階では、検察の論告・求刑がおこなわれる。その日、打ちのめされたNをさらに恐怖のどん底に突き落とす最終幕が待っていた。

検察は、死刑を求刑したのだ。

その論告・求刑は、Nにとって、まさに戦慄すべきものだった。

「この事件は、変態性欲者が、自分には到底手の届かない美しい医学部教授夫人を殺害することで性的満足を得ようとして引き起こしたものであり、変態性欲者である被告人にしてはじめて考えられる犯行である。本件は、被告人がその変態性欲を満足させるために、かねてから目をつけていた近所に住む美貌の被害者に対して敢行した猟奇的にして計画的な犯罪であり、死刑をもって臨むしかない」

というのである。検察の意図するところがはじめて明らかになった。検察は、当初から死刑求刑を念頭において、「変態性欲者」云々の精神鑑定を持ち出していたのである。

そして、それを軸に犯行に「猟奇性あり」、「計画性あり」として、単純殺人の量刑を強引に死刑にまで持っていったのである。

†一行だけの無罪判決

Nにとっては、絶望的な状況である。しかし、まだ絶望ではなかった。

法廷内に一人、深刻な疑問を抱いている人物がいた。法廷の一番高いところ、その中央に座っている人物、豊川博雅裁判長である。

そして迎えた判決言い渡し期日。青森地裁弘前支部の法廷。Nに対して言い渡されたのは、無罪判決だった。

判決書には、一行だけ、「証拠不十分により」と書かれていた。

後に語り継がれることになる「一行判決」である。豊川は、「人間失格」より「裁判官失格」を選んだと言えるかもしれない。

しかし、一行判決などが、上級審で簡単に認められるはずもない。この判決は、検察から「手抜き判決」、裁判長は「無能裁判官」との非難を浴びせられ、控訴審では簡単に破棄され、最高裁でもダメ出しがされた。

Nの冤罪が晴れるには、それから二十数年の時を待たなければならなかった。

では、この事件の冤罪原因は何だったのかというと、いまひとつはっきりしない。

再審で無罪を言い渡した最後の判決では、「シャツの血痕は、押収された時点と鑑定に回された時点とではその色合いがはっきりと違う」と書かれていて、捜査官による証拠のねつ造が示唆されている（仙台高裁昭和五二年二月一五日判決）。が、証拠のねつ造ではなく、鑑定の誤りだったとする、別の著名な法曹関係者の説もある（渡部保夫『刑事裁判ものがたり』潮出版。著者は刑事裁判官を長年務めた後、北大教授に転じた）。

いずれにせよ、結果として、一行判決だけが正しかった。豊川裁判長の心証は、見えない冤罪原因に対応していたわけである。

†小田原・隣人一家殺害事件と三淵裁判長

弘前大学教授夫人殺害事件と同じ年に、小田原では、隣人一家殺し事件が起きた。

この事件の被告人は一九歳の少年だったが、隣人一家五人を惨殺した犯行に照らし、死刑を免れることは、まず望めそうになかった。実際、この事件は、一審から最高裁まで、すべて死刑判決だったが、宣告裁判官の中に「家裁の人」がいた。一審で少年被告人に死刑を言い渡していたのは、漫画『家裁の人』のモデルとなった三淵乾太郎《けんたろう》裁判長だった。

三淵は死刑を言い渡すや否や、少年に面会を求めて「控訴してくれ」と哀願し、その気のなかった少年を無理に説得して控訴維持させた。このような行動を取ったのは、もちろん、三淵自身が、自分の精神的負担を軽くしたかったためだろうが、控訴、上告しても、死刑の結論が変わる見込みはなく、それは、時間の問題にすぎないように思われた。

三淵乾太郎の家庭は、その父親・三淵忠彦は、漫画の設定どおり、最高裁長官で、そのうえ、妻も裁判官という法曹一家だった。家族のキャリア以外の面でも、きわめて恵まれていて、自身、裁判官になってからもずっと父親から仕送りを受け続けていたという（三淵乾太郎『父・三淵忠彦を語る』判例時報339〜341号）。

時が流れ、最終的に少年に死刑が確定し、ついに死刑執行の時を迎える。

ところが、執行直前に恩赦の報が舞い込む。少年が控訴、上告していたために、講和条約恩赦にぎりぎりで間に合ったのだ。

「家裁の人」の願いは奇跡的に達せられたかに見えた。しかし、……。

†死刑をめぐる人知を超えた数奇な運命

この事件は、隣人一家五人が、鉈《なた》や包丁で惨殺された凄惨きわまる事件だったが、もとは、銭湯を覗いた（かどうか）という、到底重大とは言い難い、日常生活上の微妙なトラブルから生じた。

被害者の家は、銭湯を営んでいた。

犯人の一九歳の少年は、その銭湯の隣に住み、二階から「銭湯を覗いた、覗かない」のトラブルが起きた。女湯を覗かれないよう、被害者側が銭湯の前の倉庫を高くして目隠しにしたところ、少年は激昂。一家みなごろしを企てた。

事件には、十代の少年の性に関する羞恥心が影響していたのかもしれない。少年の重大犯罪には、近隣関係者とのこの種のトラブルに起因する事件が少なくない。

とまれ、死刑判決が確定し、あとは、執行を待つ身となった。

当時、東京拘置所には死刑の執行場がなく、死刑執行の際には、仙台拘置所に移送して絞首していた。この事件の犯人も、いよいよ執行となり、そのために仙台に移送されたが、直前になってそこへ恩赦の報が舞い込んだ。講和条約による恩赦で無期懲役に減刑されたのである。

しかし、その後、仮釈放で出所すると、再び殺人事件を起こした。路上で中学生二人を登山ナイフで刺す殺人未遂事件を起こして収監された。

†三鷹事件・丸正《まるしょう》事件と鈴木忠五裁判長

戦後の著名事件の一つ、三鷹事件で、検察側主張を「空中楼閣」と断じて（大多数の被告人に）無罪判決を言い渡し、名裁判長と言われた人がいた。鈴木忠五裁判長である。

鈴木は、裁判官退官後、弁護士として冤罪事件の弁護を手掛ける。ところが、弁護人の立場になってみると、他の刑事裁判官たちの多くは、自分とはまったく異なる裁判をやっていた。鈴木の裁判所に対する信頼と期待はことごとく裏切られる。

挙句に、ついには、鈴木自身が、一転、刑事被告人の立場に立たされる。弁護士として丸正事件を弁護し、その無実を立証しようとするあまり、遺族を真犯人と名指しして（外部犯行説の検察に対して内部犯行説を主張）、名誉棄損罪に問われたのだ。

藁にもすがる思いで裁判所に託した鈴木の最後の期待も空しく、被告人・鈴木忠五には有罪判決が下る。弁護していた丸正事件の冤罪は認められず、最後は、鈴木自身も罪を得て、絶望のうちに死去した。

†三鷹事件の闇

三鷹事件は、列車転覆致死事件で、国鉄労組関係者など一〇名が起訴された事件だったが、政治的謀略の色合いが濃い出来事で、裁判所が政治にどう向き合うか、その姿勢が問われた裁判だった。

まだ帰宅客で込み合う夜八時台に、突然、中央線三鷹駅の車庫から無人電車が引き込み線を暴走、ホーム前の車両止めを突き破って脱線して走り続け、完全に軌道を外れてからも転覆しながら道路を横切り、駅前交番をなぎ倒して商店街に突っ込んだ。商店街にいた人などが下敷きになって、六名が死亡、二〇名が負傷した。

三鷹事件の一〇日ほど前には、下山国鉄総裁が常磐線綾瀬駅付近で轢死体となって発見される事件が起きており（下山事件）、その一か月ほど後には、東北本線松川駅付近で深夜機関車が脱線して機関士ら三名が死亡する事故が起きていて（松川事件）、これらの事件については、世上、国鉄の人員整理をめぐる政府、GHQの思惑が隠されていると見る空気が強かった（松川事件の裁判では、事件自体が何らかの勢力の別の意図による工作の可能性が出てきて、全員無罪となっている）。

三鷹事件でも不可解な事実が少なからずあった。脱線転覆した電車のために大破した駅前交番には、普段四人の巡査が駐在していたが、何故かその時刻には四人とも交番を空けていて無事だったのである。

鈴木忠五が裁判長を務める一審（東京地裁）は、一名（竹内景助）を除き、他の全員に無罪判決を言い渡し、竹内には無期懲役の判決とした。

高裁では竹内に対する判決は死刑に変更され、最高裁も同様で、結局、竹内にだけ死刑が確定、冤罪を訴えるが獄中で病死した。

†丸正事件の謎

退官後、弁護士となった鈴木忠五が弁護した事件の一つに、丸正事件がある。静岡・三島の丸正運送店で、その女性店主が殺害された出来事だった。

女性店主が店舗兼住宅で絞殺されているのが夜中の二時ころに発見された。現場となった丸正運送店は、三島駅前で荷扱所をやっていて、深夜でも荷物の受け付け業務をしていた。被害者は一階の荷扱所の店先で殺されていて、死体のあった場所は、一階店舗内の宿直部屋からちょうど店先に出るあがり口に当たっていた。二階は兄夫婦の居宅となっていた。

被害者は、幼いころ踏切事故で右腕を失っており、独身で、この日も宿直部屋でやすんでいた。前述のように、丸正運送店では、深夜でもトラック会社からの荷物の搬入を常時定期的に受け付けていて、荷物を搬入する業者は、女性店主を起こして荷物の受け渡しをする慣わしになっていた。

兄の証言によれば、その日、発見時の午前二時よりも前に一度、階下では荷物の受け付けのために妹（被害者）が起こされた気配があったという。

警察は、事件当夜、近くに運輸会社のトラックが停まっていたことに着目した。当日の夜中の一時すぎに、丸正運送店から四〇メートルほど離れた路上に大一トラックという運輸会社（本社沼津市）のトラックが停まっていたのが目撃されていて、その日、沼津市内を発して東京に向かった大一トラックの深夜便の中に、そのころに三島を通過することになるトラックが一台だけあった。該当するトラックは、途中の箱根辺りで後続に抜かれていて、その時点で一五分ほどの遅れを出していたこともわかった。

二〇日ほど後、警察は、その遅れたトラックに乗り込んでいた運転手と助手を別件で逮捕した。取り調べの結果、運転助手が強盗目的の女性店主殺しを自白したとされた。

絞殺された女性店主の口には手拭いで猿ぐつわが嚙まされていたが、その手拭いは大一トラックの名前入り手拭いだった。これが、犯人の運転手のものとされた。

大一トラックでは、年の初めに、従業員の運転手たちに年賀で会社の名前入り手拭いを配っていて、現場で見つかったのは、この年の正月に、大一トラック藤枝営業所がそのために用意した三〇〇本のうちの一本であることがわかった。逮捕された運転手は、藤枝営業所に属していた。

しかし、年賀用に用意した手拭い三〇〇本のうちの一部は、得意先にも渡した可能性があった。大一トラックと被害に遭った丸正運送店は普段から取引関係にあって、丸正運送店は大一トラックの三島における特約店だった。

†転落の名裁判長

丸正事件の裁判では、被告人二人は冤罪を主張し、確たる物証がなかったために、検察・弁護の間で激しい争いが繰り広げられた。

裁判の顚末は、一審から最高裁まですべて無期懲役の有罪判決で、その後の再審の申し立ても、結局、認められることはなかったのであるが、鈴木忠五は、この事件で、「信念」の弁護を繰り広げた。

丸正事件の弁護活動は、詳しくは、次のような経過を取った。一審は地元（静岡）の弁護士がつき、有罪判決だった。そのため、二審からは代わって鈴木忠五が弁護に乗り出していた。が、二審でも有罪は変わらず、上告審では、鈴木は、著名な冤罪事件専門弁護士・正木ひろしにも応援を頼み、両弁護士共同で弁護活動をするに至っていた。

鈴木忠五によれば、一審の担当弁護士は安達太助という人で、安達は検察官を長年勤めたヤメ検の弁護士だったが、「こんなひどい事件はめったにないことです。わたくしは、最初からこの事件は冤罪だと確信していました。東京高裁ならきっと無罪にするでしょう」と鈴木に対して語ったという（鈴木忠五『世にも不思議な丸正事件』谷沢書房）。

鈴木自身は「私は、最初、この事件は、裁判長と主任判事が自白調書をよく読んでくれたら、すぐに無罪の判決が下るだろうと簡単に考えていた」「この事件があまりに非常識な事件であるということから、私は、証拠に対する自分の意見だけを詳細に述べれば足りると考えていたのだった。このようなでたらめの証拠によって、まさか東京高等裁判所は有罪の判決を下すことはできまいと私は信じていた」という（正木ひろし・鈴木忠五『告発――犯人は別にいる』実業之日本社）。

東京高裁の判決が下りた後は、次のように言っている。

「この判決を初めて読んだ時の大きな愕きは、今も忘れることができない。これが東京高裁の名において言渡された判決かと思うと、情けないやら悔しいやら何とも言いようがなかった」「非良心的な判決理由の見本だと言わねばならない。まったく無良心だと言わなければならない」と（鈴木前掲単著）。

そして、「こんな明白な事件においてさえ真実が真実と認められず、……現状を私は悲しまずにはいられない」「私は何ともいえないさびしい気持ちになった」と胸中を述べている（正木・鈴木前掲共著）。

かくして丸正事件の裁判が一審、二審とも有罪で、後は最高裁を残すのみとなった段階で、鈴木忠五は、正木ひろしとともに非常手段に打って出た。

被告人たちの冤罪を認めさせるために、内部犯行説を展開し、最高裁への上告の書面で、被害者の遺族（同居の兄夫婦と弟の三名）を真犯人として名指したのである。そして、記者会見を開いて「真犯人」の名前を公表するという挙に出た。

名指しされた遺族側は、二弁護士を名誉棄損罪で告訴した。

結局、二弁護士の一か八かの非常手段は不発に終わり、当の丸正事件は最高裁で上告棄却の判決が下され、有罪が確定、おまけに、二弁護士に対しては名誉棄損罪の有罪判決が下された。

正木ひろしは名誉棄損裁判の有罪判決の確定前に病死したが、鈴木忠五は、古巣から「犯罪者」の烙印を押され、屈辱の余生を強いられ、前科持ちとしてその生涯を閉じた。

†波崎《はさき》事件と団藤最高裁判事

波崎事件で死刑を言い渡した団藤重光最高裁判事（東大名誉教授、文化勲章受章）は、裁判官退官後、その時の心の迷いを記念講演で告白するに至り（一九九〇年、日比谷公会堂「死刑廃止条約の批准を求めるフォーラム90」）、それは新聞紙上でも大きく報道された（記事「最高裁判事、誤判の告白」）。

団藤は、東大法学部（東京帝国大学法科大学）開闢《かいびゃく》以来の秀才と言われ、弱冠二三歳で助教授（准教授）となり、三一歳の時に現行刑事訴訟法を起草し、三三歳で教授となって、戦後日本の刑事法学界、法曹界に君臨した。東大を退官すると、すぐさま最高裁に招かれ、学者出身の判事として最高裁をリードした。

東大法学部の栄光を一身に体現する、わが国刑事法学の最高権威だったが、波崎事件でいわば「腰砕け」となり（一部マスコミから「腰抜け」判事と批判された）、団藤刑事法学は一挙に指導力を失った。

そこには、裁く者の苦しみと人間の弱さが露呈されている。が、そこにこそ、「裁き」の意味が表れているとも言える。

†「ハコ屋」の怪

波崎事件は、高度経済成長期に、房総半島犬吠崎の近くの波崎町というところで起きた怪死事件だった。

波崎町は、利根川をはさんで茨城県側にある。東はすぐに太平洋、西側は利根川に切り込まれていて、細長い砂洲のような地域である。茨城県の南東の端に位置し、利根川を挟んで、外房の犬吠崎に上からかぶさる尻尾のような形になっている。近くには波崎漁港があり、その向こうには銚子漁港もあって、ここら辺には漁師町特有の荒っぽい気風が残っている。それとともに、茨城県の中でも最も開発の遅れた地域と言われており、太平洋と大利根に挟まれて、どこか水の中に孤立したような不思議な感じのするところでもある。

そのような土地で、深夜に帰ってきた農家の主人が突然、泡を噴いて倒れ、妻によって病院に運ばれ、間もなく死亡した。病院では当初病死と診断していたが、死体が司法解剖された結果、青酸反応が確認され、死因は青酸化合物による中毒死と判明して毒殺容疑が浮上した。被害者が泡を噴いて倒れたのは、車で数分のところに住む顔見知りの家から自家用車で帰宅した直後のことで、この顔見知りHが犯人とされた。

しかし、容疑者Hの元からは青酸化合物の類は何も押収されなかった。また、農家の主人がいつ青酸化合物を摂取したのか、そのことと車を運転して帰れたことがどのような関連を持つのかなど、少なからず謎があった。

他方、波崎事件では、かなり怪しい諸状況があった。

まず、被害者は死亡直前に「ハコ屋に薬を飲まされた」というダイイング・メッセージらしきものを妻に言い残していた。「ハコ屋」とは犯人とされた男Hの屋号である。それだけではなく、この「ハコ屋」は、自分の家での別れ際に「アスピリンでも飲んでおけ」と言って、薬らしきものを被害者に手渡して飲ませていた事実も明らかになった（「ハコ屋」の同居人のその旨の証言があった）。そして「ハコ屋」は、密かに被害者に生命保険をかけていて、保険料は自分が身銭を切って払っていたことも判明する。このような生命保険は不正契約となるはずであるが、受取人に被害者の妻の名を勝手に入れ、自分が半額を受け取るという内容で保険契約を成立させていた。

検察は、これらの状況証拠から「ハコ屋」ことHを起訴し、死刑を求刑した。

本件犯行の狙いについては、検察は、保険金目的の交通事故偽装であるとした。目的は、被害者が車を運転して帰る最中に青酸中毒を起こさせることにあったのではないかというのである。それによって交通事故死を装うことを狙ったものという見方である。

これに対して、Hは、「被害者は自殺したのではないか」、「本件が青酸化合物による中毒死ということならば、青酸化合物で自殺を図ったものであろう」などと裁判で述べた。

判決はどうだったかというと、

「被告人の自白はなく、毒物を飲ませるところを見聞した証人もなく、又毒物の入手先も処分方法も不明ではあるが、……犯人は被告人以外の者であるとは、どうしても考えることができない。即ち、被告人は犯人に相違ないとの判断に達したのである。よって、犯罪事実は証明十分である」とした。

証拠が少ない点については、

「絶対に証拠を残さない、所謂完全犯罪を試みんとしたもの」だからであるとした。

そして、その結果、「その性格は冷酷にして残忍、自己のためには手段を選ばず、他人の意を介しない反社会性を有している」とされ、「被告人に対する制裁としては、法の定むる極刑即ち死刑を選択するより他はない」と結論付けられた（以上、一審の水戸地裁土浦支部昭和四一年一二年月二四日判決。なお、当時は、保険金殺人で情状が悪いケースでは被害者一人でも死刑になることがあった）。

死刑確定後、Hは再審の申し立てを繰り返すが、第一次の申し立ても、第二次の申し立ても認められず、恩赦の請願の署名活動を準備中の二〇〇三年に獄死した。逮捕の時から数えて四一年間、冤罪を訴え続け、八七歳で、その生涯を獄中で閉じた。

†砕け散った最高権威の意味

この事件は、一審から最高裁を通じて死刑判決だったが、前述のように、最高裁で死刑判決に関与した裁判官の中に、団藤重光がいた。

団藤は東大法学部の象徴ともいうべき存在で、その時代には、まだ飛び級制度が残っていたが、団藤は、小学校と中学校（旧制）で二度飛び級をして、通常の現役学生よりも二歳若い年齢で東京帝国大学法学部をトップで卒業した。学者になってからは、若くして現代日本の最高の刑事法学者と言われ、団藤の著作は英訳されて欧米にまで名を知られた。もちろん、その学説は、戦後日本の刑事法学界において最高権威として輝き続け、裁判実務にも絶大な影響を及ぼした。

その団藤が裁判官として当面したのが、波崎事件だった。

団藤は、死刑判決に与《くみ》したが、最高裁を去った後に、この判決は冤罪の影を引きずっていたと新聞紙上や記念講演会で敢えて公にした。団藤自身は「本当は冤罪ではないか」という一抹の不安を感じていたという。裁く者としての苦しみと心の慄きを率直に吐露した。

そして、団藤は、波崎事件で冤罪の不安を払拭しきれないまま死刑判決を言い渡した懊悩から死刑廃止派に転じ、『死刑廃止論』（有斐閣）を著わす。それは、死刑冤罪を防ぐためには死刑廃止しかないという絶対的死刑廃止の思想だった。

『死刑廃止論』を著わした後は、死刑執行をめぐって法務当局に対する批判的な姿勢を強め、近年は激烈な法務省批判を繰り返していた。それとともに、団藤刑事法学は裁判実務に対する影響力を急速に失っていった。

波崎事件にまつわる団藤の行動は日本の法曹界に大きな波紋を投じたが、その真の意義は、おそらく、死刑廃止論への傾斜にあるのではない。そうではなくて、あるいは、それ以上に、「裁判所パノプティコン」と「司法囚人」の存在をあぶりだした点にある。

団藤以上の刑事法学者はいない。刑事裁判官としても、法的思考力の強靭さや法的素養の豊かさの点で、団藤以上の者はいない。その当の頂点に立つ人が、「どうしても事実が見極められない」と不安を語ったのである。

それは、とりもなおさず、法廷で真実を見通したかのように、確信あり気に語る者の欺瞞を陰画として示している。

刑事裁判で、本当の意味で事実を見極められている者などいないのである。

もし、裁判官が「自分は真相を見切れた」などと思っているとすれば、それは裁判所パノプティコンの作用にすぎない。むしろ、「司法囚人」であることの証拠である。それ以外の何物でもあり得ないことを、東大法学部開闢以来の秀才・文化勲章受章・日本刑事法学の最高権威が、身をもって突き付けた。

†首都圏連続殺人事件と堅山裁判長

平成に入って少し経ったころ、一審の有罪判決を取り消し、控訴審で逆転無罪判決を言い渡して、「画期的な判決」と評された東京高裁の判決があった。

この逆転無罪判決は、判決文中で、警察が自白を強要したことを認定したうえ、代用監獄制度や警察の留置業務についても、その実態に踏み込んで厳しく批判していた。それによって、警察庁も、警察署内の被疑者の取り扱いを改めざるを得ないことになった。新聞各紙は、この判決を大きく取りあげるとともに、これを機会に事件報道の見直しも始まり、この出来事は犯罪報道のあり方を変えたとまで言われている。

平成の裁判史に残る、この「画期的な判決」を言い渡したのは、堅山真一裁判長だった。

ところが、それから五年後、その「画期的な判決」によって無罪釈放された冤罪者が、猟奇的な殺人事件を起こす。堅山裁判長は、今度は、一転、マスコミから非難を浴びせられることになった。

†女性一〇人連続殺人の悪夢

この一連の出来事は、一九七四年（昭和四九年）から一九九六年（平成八年）にかけて、ある特異な人物の周りで巻き起こった、実に二〇年以上にも及ぶ冤罪大奇譚の騒動だった。発端となる事件は、高度経済成長期の末期にまで遡る。

いまでは、もう記憶にとどめている人も少なくなったが、一九七〇年代に首都圏で一〇人もの女性が連続して殺害されるという、推理小説にも出てきそうな暗い社会現象があった。多くの女性はレイプされていて、被害者たちは放火された焼け跡から焼殺死体となって、あるいは土中から埋没死体で発見された。

当時の新聞記事から抜粋する。

一九七四年（昭和四九年）七月一六日（朝日新聞・朝刊）

――「松戸の女教諭焼死も」の見出しで、松戸市馬橋で起きた二一歳の小学校教諭の殺人放火事件を報じている。未明に火事が発生し、アパート二階の焼け跡から他殺体とみられる遺体（窒息死）が見つかった。

七月二五日（朝刊）

――「女店員殺し放火 草加」の見出しで、二二歳のドラッグストア店員が焼死した未明の火事について、殺人放火事件として報じている。この事件では、女性店員の部屋の窓辺に、下の路地から梯子が掛けられていた。

†容疑者とされた男

八月六日（夕刊）

――「不審な女性焼死体　足立　二階間借り、胸に刺し傷」の見出しで、足立区綾瀬で発生した二四歳の女性会社員の殺人放火事件を報じている。この事件でも、未明に二階の部屋が放火されて焼かれた。

八月八日（夕刊）

――「不明の女性？　死体発見　松戸の造成工事現場で」の見出しで、松戸市馬橋の造成地で工事中に若い女性の絞殺全裸死体が発見されたことを報じた。「千葉県松戸市馬橋の区画整理工事現場で、土地造成工事中の作業員が死体があるのを見つけ、松戸署に届けた」「現場は常磐線馬橋駅前西口から約七〇〇メートル」とある。

八月九日（夕刊）

――「また女性放火殺人？　志木で焼死一人暮らしの会社員」の見出しで、埼玉県志木市で起きた二一歳女性会社員の殺人放火事件を報じた。「午前三時五〇分ころ、アパート二階の会社員の部屋から出火」「焼け跡から会社員が黒こげの焼死体で見つかった」とある。

その後も同類の報道が続いた。

捜査当局は、Eという中年の男を首都圏連続殺人事件の容疑者とし、そのうちの一件（信用組合OL暴行殺害事件）で起訴した。他は証拠不十分で立件できなかった。

起訴された信用組合OL暴行殺害事件というのは、前記の新聞報道の「八月八日」の記事に見える件である。いま少し詳しくは、次のような事件だった。

被害者（信用組合OL）は、馬橋駅西口のマンションに職場の同僚と一緒に居住し、そこから台東区内の勤め先に通勤していた。その日、被害者は、勤務を終えてから職場のボーリング大会に参加、浅草で行われたボーリング大会が終わった後帰途につき、途中、馬橋駅の一駅手前の常磐線・北松戸駅で下車して、北松戸のマンションに住む同僚を訪ね、そのマンションを午後九時四五分ころ出たが、その後の消息が不明となった。わかっているのは、北松戸のそのマンションを出たというところまでである。その日のその後は、被害者のルームメイトが、なかなか帰らない被害者を心配して、午後一〇時二〇分ころ、馬橋駅まで迎えに出たものの、被害者と出会うことはなく、午後一一時ころからは、他の同僚や上司とも連絡を取ったうえであたりを捜索し始めたが、結局、行方不明のままに終わった。上司や同僚たちによる捜索は翌日の午前五時ころまで続けられ、皆で馬橋駅西口一帯を必死に探し回ったが、被害者は見つからなかった。

それから、一か月ほど後、馬橋駅西口周辺で起きた火事の際に職務質問された男がいて、その前科前歴を照会したところ、婦女暴行などの前歴があったため、その男が捜査対象者とされた。これがEである。Eは、当時、清掃の仕事などに携わっていた。

それからさらに一〇日ほど後になって、馬橋駅西口のマンション造成地の土中から、若い女性の全裸死体が発見された。遺体は、先に行方不明になっていた信用組合OLだった。被害者は一九歳だった。遺体発見現場は、そのOLが住んでいたマンションから一〇〇メートル足らずの場所だった。

立件された事件の裁判結果は、一審の千葉地裁松戸支部判決は有罪で、Eに無期懲役を言い渡した（一九八六年九月四日）。

†逆転無罪判決の事情

この事件は、客観的証拠が少ない事件だった。めぼしい証拠としては、遺体から体液が採取されていて、その血液型が容疑者であるEの血液型と矛盾しないということぐらいだった。

一方、警察の取り調べ状況はと言うと、E一人を、所轄の松戸警察署ではなく、新設の印西警察署の留置場に入れて隔離するようにしたうえ、連日、ほぼ休みなく取り調べを実施し、最初の逮捕から起訴まで通算すると半年間に渡った身柄拘束の期間のうち、取り調べがなかったのは、五、六日という状況であった。途中からは、被害者の遺影と位牌を取調室に持ち込み、線香まで焚いて取り調べをおこなった。この間、独居房におけるEの扱いは、話したことは独り言まで小型テープレコーダーで録音し、その動静は分刻みで記録するなど、徹底的な監視をおこなっていた。運動も一切させず、歯磨き粉の購入や洗髪といったことまで自由にはさせなかった。そして、途中からは監視カメラを備え付けて、「完全」監視をおこなった。

こういう状況の中で、Eは、当初は、房の中で体操をしたり、空腹を訴えるなどしていたが、次第にイライラした様子を見せるようになり、奇声を発したり、自殺すると言ったりするようになった。そして、身柄拘束の期間が三か月を超えたころ、暴れたうえ自殺を図るということがあった（なお、起訴前の勾留の期間は前述のように最大で二〇日のはずであるが、別件の容疑がある場合には別件の勾留期間を加えることにより、あるいは別件の起訴後の身柄拘束と組み合わせることによって、それ以上の通算身柄拘束期間になることがある）。

こういう状況のもとで、Eの自白が取られたわけである。こうやって取られた自白には、どういう意味があるのか。

堅山裁判長の東京高裁は、自白の有罪証拠としての価値を否定した。のみならず、捜査の違法を摘示して、証拠自体の適格性も否定した。

実は、捜査を指揮する検察庁自体も、同じような疑問を持っていたふしが見受けられる。本件では、捜査を指揮する千葉地検は、警察のやり方に多大の疑問を持っていた、というより不快感を持っていたようである。警察では、Eの自白に基づいて被害者の傘、財布、定期入れ、スカートのつり紐、着衣、靴などが発見されたとしていた。しかし、県警捜査本部は、その証拠品の発見に際して、担当検察官をないがしろにするような、もっと言えば、欺くようなやり方をしていた（「発見」の直前に、捜索に立会していた検察官を別の場所に案内するなど）。そのせいか、担当検察官は、捜査本部をまったく信用していなかったようである。これらの証拠品発見現場へ検察事務官を巡回させるということまでしている。これは、明らかに、警察による工作がおこなわれるのを疑ってのことである。

そして、検事調べの際には、Eに犯行を否認するよう仕向ける取り調べをしていた（検察捜査上「揺さぶり」と言われる取り調べ手法で、それによってどれだけ自白の態度が固いかを確かめる意味がある）。検察も、Eは警察に言わされているだけのことではないかという疑問を持っていたのである。肝心の殺害方法についても疑念を抱いていたらしく、「警察が取った自白はおかしい」という担当検察官の報告書が残っている。

検察は組織全体としても、逮捕の時には警察に対して再考を求めていたし、警察の捜査でEが「自白した」とされ、前記の証拠品が「見つかった」とされたにもかかわらず、いったんは起訴を見送る決定をしていた。

†さらなる逆転の悪夢

こうして、控訴審の東京高裁では逆転無罪となった（一九九一年四月二三日）。

このとき、堅山裁判長は、判決文の朗読が終わった後で、Eにわざわざ声をかけている。「逮捕されてから一七年近くも勾留されていろいろ苦労したと思う。一般社会に出れば戸惑うこともあるだろうが、一日も早く慣れて元気に生活してほしい」と。

新聞各紙は、釈放されたEを冤罪犠牲者として大きく取りあげた。

ところが、その後の一九九六年四月二六日、「冤罪者」、「警察権力の犠牲者」であるはずのEは、幼女にわいせつ行為をはたらいたうえ、首を絞めて殺そうとしたとして逮捕される。Eの居住する足立区の都営住宅の近くの公園で、五歳の女の子が気を失って倒れているのが発見されていた。

今度は、Eが幼女を連れ去ろうとしていたとの複数の目撃証言があった。

そして、Eの住む都営住宅一階を家宅捜索したところ、さらに驚くべき事態が発覚する。Eの部屋の庭先から、焼け焦げたヒトの頭部が発見され、部屋の冷蔵庫から女性の身体の特殊な一部が出てきたのである。一九九六年五月一日のことである。

これより前、その年の一月九日には、近くの駐車場から、布団にくるまれた女性の首なし焼死体が発見されていた。そして、その焼死体からは陰部が抉り取られていた(この猟奇殺人は、もちろん起訴され、結局、Eには無期懲役の有罪判決が確定し、現在は受刑中の身となっている)。

†「逆冤罪」さえ追い風にする司法囚人

同時に、一部マスコミからは、裁判関係者に対する批判や疑問が持ち上がった。

東京高裁は一審の有罪判決を、なぜ、わざわざ破棄したのか、無罪判決を言い渡した裁判長は「無罪病裁判官」だったのではないのかという疑いと批判である。

こう言われることになったのには、堅山裁判長の別の事件の裁きぶりも関係している。堅山はEの事件だけではなく、その一年後には、贈収賄事件(撚糸工連事件)でも逆転無罪判決を出していた。政治家に対してまで無罪判決を言い渡し、しかも、これが最高裁で取り消されるということがあったため、こういう非難が沸き起こったのである。

何より、殺人犯として起訴され、裁判で冤罪と認められた者が、その後、実際に殺人を犯してみせたというのは、日本の裁判史上はじめてのことだった。

刑事裁判では、「疑わしきは罰せず」の鉄則がある。が、今までは、比喩的に言えば、

「疑わしきは罰せず」で無罪とされた者の背中を見てきただけだった。はじめて、その顔を見ることになったわけである。その顔を見てしまった衝撃に、集団恐慌的な反応が引き起されたのだろう。

「疑わしきは罰せず」で無罪とされた者は、冤罪者であると同時に「疑わしい」者でもある。だから、この結果も、もともと、「疑わしきは罰せず」の鉄則に含まれているとも言える。しかし、頭でわかっているつもりでも、それには人間感情がついていけない。マスコミや世間の過剰反応は、必然でもあった。

われわれは、この衝撃的な「逆冤罪」現象を乗り越えていけるのか、これによって「疑わしきは罰せず」の理念は色褪せたのか、刑事裁判と真実はいかなる関係に立つべきか……等々、事件を通じて考えなければならないテーマは多い。

さりながら、それは、別の機会に詳しく書いたので(『司法殺人』講談社)、ここでは、「無罪病」批判の問題点についてだけ触れたい。

もし、堅山裁判長が逆転無罪判決を言い渡さなかったら、冤罪者釈放後に被害者となった女性の命が失われることもなかったのだから、批判には確かなものがあるようにも見える。しかし、「疑わしい者」を次の殺人を防ぐために監獄にぶち込んでおけというのは、裁判所パノプティコンと司法囚人の発想そのものである。

「無罪病」云々の言説は、それがどのような意図に基づくにしても、結果的に、裁判所パノプティコンと司法囚人を利することになるのは間違いない。

裁判所パノプティコンと司法囚人は、逆冤罪現象すら追い風にするのである。

終章　司法権力をこの手に取り戻すために

†絶望的な、あまりに絶望的な実態

前章は、良い裁判官の実例について述べたが、それは、あくまでも例外である。再び、最悪な「司法囚人」の実態について触れたい。私自身のことである。

私が刑事裁判官として配属され、（当初の二、三か月は除き）その後の丸二年間の勤務のうちで、勾留の裁判で「勾留却下」（＝被疑者釈放）の決定をしたのは、一件しかない。その勾留請求事例は、検察官がこちらが阿呆かどうか探りを入れてきたケースだった。

それは、公務執行妨害の被疑事件で、犯行自体は疑いの余地なく、女性警察官に対する暴力による公妨事案だったが、実態は、婦人警官の新人研修にかかわるものだった。駐車違反の取り締まり研修で、あらかじめ違反車を待ち受け、駐車してそこを離れようとした人を一瞬の駐車違反で検挙しようとしたところ、その人が怒ったというのがことの実体とみえた。怒って、詰め寄ったところで、教官役の男性警察官たちに公務執行妨害で逮捕されたらしい。

もちろん、勾留請求をしてきた検察官は、「新人研修」とか「待ち受け」などの事実は伏せ、女性警察官に対する強力な公妨事案として記録構成している。しかし、「被害者」（婦人警官）の年齢や駐車違反の時間、最終的に逮捕のために出てきた男性警察官の数などから推して、上記のような実態は、およそ透けて見える。

これをスルーしてしまうと、その後は、すべて検察官のやりたい放題になる。ボンクラ裁判官かどうか、試しているのである。

こちらは脳内に障害を抱えているとはいえ、ここまでバカにされるいわれはない。また、このやり様をそのままにしておくと、裁判所自体が泥を塗られることにもなる。

その日は、このケースを勾留質問の筆頭に持ってきて、ただちに、勾留請求を却下した。却下決定後、それを知った検察官があわてて面談を求めてきたが、「その必要はない」と言って、追い返した。

担当検察官も、失敗したと思ったのか、この件については、不服申し立てもしなかった。「司法囚人」が勾留を却下する場合とは――それは統計上一パーセントにも満たないわけであるが――このようなケースである。市民の権利・自由を考えてのことではない。

他方、やはり、私の担当した勾留の裁判で、次のようなケースがあった。

年配の女性が病院長の自宅に押しかけて、しつこく面談を求め、住居侵入・強要罪容疑で逮捕された事案があった。年配の女性がそういう行動を取ったのは、娘がその病院で医療過誤にあった（と当人は思い）、しかし、とりあってもらえないため、やむなくそうしたのだという（そう申し立てていた）。

この場合に、微妙だったのは、押しかけられた院長のほうも（つい頭にきてのことだろうが）年配女性の頭を叩いていることだった。そういう事情があるのに、手を出していない年配女性のほうだけを逮捕して勾留するのは、健全な平等感覚や公平性からすれば、大いに疑問となるだろう。

しかし、このケースは文句なく、勾留である。一〇日間の身柄拘束であり、年配女性は例の代用監獄にぶち込まれる（理屈としては、身柄を取っておかないと、再び院長のところに押しかけ、今度は罪証隠滅に及ぶ恐れがあるとみなす）。

このケースでは、なぜ、年配女性の心情や、相手（院長）も頭を叩いていることの不公平が顧みられないのか。

それは、国民の権利・自由の問題であるからである。ここで問題となるのは、年配女性や院長の権利・自由をどう考えるかという事柄にすぎない。

有無を言わさず勾留却下した前のケースでは、裁判官と検察官の関係がかかわっている。もっと言えば、裁判所パノプティコン自体が「却下せよ」と働きかけるのである。そこで裁判官が検察官に完全にナメられて終わることは、裁判所パノプティコンも欲しない。裁判所パノプティコンの欲するところは、あくまで複雑機制であり、検察官の言いなりになることではないのである。

第三権力は、一筋縄ではいかない。第三権力の住人、彼らも複雑である。だから、皮肉でも悪口でもなく、「裁判所パノプティコン」「司法囚人」と呼ぶべきなのであるが、たとえ、形のうえではリベラル的な行動に見えても、それは複雑機制の偶然の結果にすぎない。そこに心はない。

国民の権利・自由、そのことには関心がないのである。

†司法の正義など問題でない

もはや、裁判の公正とか、司法の正義などというレベルの問題ではない。司法権力自体を変える必要がある。「裁判所パノプティコン」を破壊し、「司法囚人」から第三権力を奪還しなければならない。

そこで、裁判員制度である。

裁判員制度は、政府が推進する「司法制度改革」の一環として実現した。裁判員制度の理念と目的は、公式的には、市民参加による司法の民主化にある。

けれども、市民が「裁判所パノプティコン」に行って、そこの（一時的）住人になるだけでは、まるで意味がないことは、これまで述べてきたことから明らかだろう。市民は、「司法囚人」と闘わなければならない。その歪んだ権力の行使に反対し、抵抗しなければならない。それをしないならば、裁判員としての存在意義はない。

刑事裁判官は、治安維持を任務とする、最初からバイアスのかかった歪んだ存在である。何しろ、そのために公給をもらっているのだから。

考えてもみてほしい。裁判所は、公式的には、治安維持と人権保障を両立させるための存在と言われるが、国家権力が国民の権利・自由のために身銭を切るか。国家が刑事裁判官を公金で養うのは、治安維持のため以外にあり得ない。

裁判員裁判では、裁判員たる市民は、裁判官のやることなすことに、すべて反対するぐらいでちょうどよい。それが暴論でも極論でもないことは、ここまで読み進んできて、すでにわかってもらえたことと思う。

†裁判員制度は市民必勝の仕組み

司法制度改革として立法化された裁判員制度は、立法の趣旨や当局の意図はともかく、結果的には、市民サイドに大きな権限を認めた。

新しい日本の刑事裁判（裁判員裁判）では、裁く者の人数構成は、原則的に、職業裁判官三名に対して裁判員六名となった。一人の権限の重さは、職業裁判官と裁判員とで変わらない。結論の決定方法は、多数決となった（過半数の単純多数決。ただし、有罪判決をする場合は裁判官一名の賛同を要するとの修正要件あり)。

結局、この制度設計からすれば、裁判員裁判を「司法囚人」との闘いの場と考えた場合、市民必勝となる。

日本の制度は、裁判員制度と同種の制度を取る諸外国と比べてみても、市民の権限が大きい方になる。

すなわち、諸外国では、市民の権限を決定権限ではなくて参考意見にとどめたり(韓国など)、職業裁判官と市民の構成比を「三名」対「二名」としたりして(ドイツなど)、何らかの形で市民の発言権を抑え、その無力化を図っているところが少なくない。

日本の場合、市民は、その気になりさえすれば、内部から司法の在り方を変えていくことができるわけである。

†司法ゲリラのすすめ

裁判員制度の公式理念は、市民参加による司法の民主化である。

しかし、本書は、すべての市民が裁判員裁判を闘争の場と心得、市民参加の目的を「裁判所パノプティコン」「司法囚人」に対する抵抗とみなすようすすめる。

裁判員制度の制定は、政府が推進する「司法制度改革」の一環として実現した。それゆえ、裁判員制度は、司法「改革」と呼ばれるが、それを本当の意味で市民による改革の足掛かりにする必要がある。

いや、裁判員制度は司法改革にとどまらず、司法革命の足掛かりである。そして、裁判員裁判は、そのための権力内闘争の場である。それは内部闘争であり、かつ、一種の権力闘争と心得なければならない。

市民は、日本の裁判を内部戦場化せよ。市民は「司法ゲリラ」となって司法革命を起こすべきなのである。

権力内闘争における必勝の手立ては、すでに市民の手の中にある。

司法ゲリラとなって、裁判員制度を逆手に取り、司法革命への道を突き進め——霞が関を占拠せよ！

あとがき

本書ができるについては、少し特別ないきさつがある。

本書のもとになる原稿を書いてみて、このような権力批判の新書を出してくれる出版社があるか、ハタと困った。新書を出しているところは多いが、重いテーマを扱うところは少なく、本格的な権力批判ができるところはさらに少ない。そこで、たまたま知音を得ていた現代権力批判の論客・斎藤貴男さんに相談した。斎藤さんからは、先達としての種々のアドバイスをいただいた。だから、本書の生みの親は斎藤貴男さんと言うべきで、まず、斎藤さんに深謝する。

斎藤さんは時間を割いて私の原稿の素案を見てくれたうえ、適当な出版社として幾つか挙げてくれたが、その中から、私は筑摩書房を選んだ。出版内容や読者層などを考え、どこよりも思い切りできそうな気がしたからである。

筑摩書房では、松本良次さんが本書を担当してくれた。松本さんのアドバイスで、もとの原稿の社会思想、現代思想の部分を思い切って削り、直感に訴える内容を前面に出した。

結果として、とても良かったと思っている。だから、構成や内容面では、松本さんに感謝しなければならない。

こうして、ちくま新書の一冊として出してもらえることになり、私の望みは達せられた。あとは、尽力していただいた人たちに感謝しつつ、読者の審判を待つのみである。

二〇一三年一二月

森　炎

ちくま新書
1044

司法権力《しほうけんりょく》の内幕《うちまく》

二〇一三年一二月一〇日　第一刷発行

著　者　森炎（もり・ほのお）
発行者　熊沢敏之
発行所　株式会社　筑摩書房
東京都台東区蔵前二-五-三　郵便番号一一一-八七五五
振替〇〇一六〇-八-四一二三
装幀者　間村俊一
印刷・製本　三松堂印刷　株式会社

乱丁・落丁本の場合は、左記宛にご送付下さい。
送料小社負担でお取り替えいたします。
ご注文・お問い合わせも左記へお願いいたします。
〒三三一-八五〇七　さいたま市北区櫛引町二-六〇四
筑摩書房サービスセンター　電話〇四八-六五一-〇〇五三

ISBN978-4-480-06750-0 C0232